不熬夜，不死背

睡前1分钟惊人学习法

[日]高岛彻治　著　张智渊　译

北方文艺出版社

黑版贸审字 08-2019-215号
Neru Mae 1pun Kioku Jutsu
by Tetsuji Takashima

Original Japanese language edition published by Diamond, Inc.
Simplified Chinese translation rights arranged with Diamond, Inc.
through LEE's Literary Agency

图书在版编目（CIP）数据

不熬夜，不死背，睡前1分钟惊人学习法 /（日）高岛彻治著；张智渊译. — 哈尔滨：北方文艺出版社，2020.5（2020.12重印）
ISBN 978-7-5317-4735-2

Ⅰ. ①不… Ⅱ. ①高… ②张… Ⅲ. ①学习方法②记忆术 Ⅳ. ①G791②B842.3

中国版本图书馆CIP数据核字(2019)第295299号

不熬夜，不死背，睡前1分钟惊人学习法
BU AOYE BU SIBEI SHUIQIAN 1 FENZHONG JINGREN XUEXI FA

作　者 /［日］高岛彻治
译　者 / 张智渊

责任编辑 / 李正刚　赵　芳
封面设计 / 烟　雨

出版发行 / 北方文艺出版社
邮　编 / 150080
发行电话 /（0451）85951921 85951915
经　销 / 新华书店
地　址 / 哈尔滨市南岗区宣庆小区1号楼
网　址 / http://www.bfwy.com

印　刷 / 河北京平诚乾印刷有限公司
开　本 / 880mm × 1230mm 1/32
字　数 / 100千
印　张 / 5.5
版　次 / 2020年5月第1版
印　次 / 2020年12月第2次

书　号 / ISBN 978-7-5317-4735-2
定　价 / 49.00元

前言

最近，你是否觉得记忆力变差，很多东西怎么也记不起来呢？

你有过这种感觉吗？如果是正在挑灯夜战，准备考取某个证书的人，你也许会有这种感觉，并由此感到心浮气躁，或者丧失自信。

很多人认为，记不起来是因为上了年纪。但年纪轻轻，二三十岁就开始感叹个人记忆力衰退的人不在少数，如“明明初高中的时候都记得很清楚，现在却记不住，难道真的老了？”等。

不过，我认为记忆力和年龄没什么关系。因为，我就是过来人。我从五十三岁开始挑战考各种证书，至今考取了九十一种证书，所谓“记忆力会随着年龄增长而衰退”的说法，只是个人在找借口，那种法则根本不存在。

“记不起来”的原因在于记诵方法和学习方式不佳。像是拼命背、念通宵，或者逼迫自己强记一本书，这样当然会记不起来。

本人通过研究和实践发现，为了记住某个东西，在睡前，尤其是入睡前一分钟的度过方式非常重要。

从入睡之后到醒来为止，真的只是“睡着”而已，就人的意识而言，睡眠是一个黑盒子。所谓的黑盒子，就是“不晓得里面有什么、有什么事在发生”的盒子，但是近年来，科学家们逐渐弄清了睡眠这个黑盒子，并发现人能够有意识地控制它。

“能够控制睡眠”，你不觉得这是一件很了不起的事吗？我之所以特别重视入睡前一分钟的度过方式，是因为能够**利用睡前一分钟，对控制睡眠的黑盒子进行“最终的调整”**。

人在睡眠时无法有意识地活动，但是会做梦。任谁都会做梦，可能梦见偏离现实的梦，例如在偌大的房子里和自己欣赏的人聊天、在公司完成一件重大的工作，或者经历各种痛苦、悲伤的负面事件。

想必也有人会期待做梦，并祈祷“做个好梦”，然后入睡。

遗憾的是，人无法控制所有的梦。然而，假如能以自己的意志，运用一部分的梦，那会发生什么呢？而且假设它会对现实生活产生不错的影响。

虽然做梦是下意识的，但那是大脑的活动。即使睡着了，大脑有一段时间也和醒着的时候一样，不，甚至比**醒着的时候更专注地工作**。纵然驱使身体行动的指挥官在休息，大脑仍会替白天接收到的信息分门别类，厘清旧的记忆，以记忆机能为主进行理性的活动。

既然如此，应该可以将睡眠时的大脑活动和醒着时的活动联结在一起。也就是说，如果活用睡眠时的大脑运作，将能够进一步增强自己的记忆力。

我觉得这个想法很有趣，于是在十几年前开始挑战运用做梦来协助记忆。我发现：如果刻意在睡前替在睡眠时工作的大脑做好准备，大脑就会欣然地接受那项任务，并顺着当事人的希望，灵活自如地工作。

讲得更具体一点，就是**大脑会顺着当事人“想记住”的希望，好好地整理记忆，并且深植脑海**。

这是一件很棒的事。我之所以一次又一次成功地考取各种资格证书，正是因为我利用了大脑的这种做梦活动。

在五十多岁挑战考各种资格证书，其实我也曾感到不安，但是实际报考后发现，年龄根本不是问题。我的大脑在我睡觉的时候，替我进行整理信息、强化记忆的工作，将内容收纳在重要的记忆储藏库里。

自从我意识到睡前的度过方式很重要之后，我不断摸索，进行各种尝试。本书中介绍的记忆法都是我历经失败尝试后获得的“效果卓越”的方法。

在书中，我会详细介绍这些记忆法的理论根据、如何运用这些方法达到“超强记忆”，拥有最强大脑。

我敢说，在“睡前一分钟”掌握了关键点，大脑会助你惊人地实现“我一定要把这个记起来”的想法。

如此一来，人生会变得趣味盎然，并能够欣喜地迎接每一个美好的早晨。

我希望翻阅这本书的人，度过快乐的每一天。如果能够坦然地接受本书的建议，你的人生一定会为之一变。敬请打造美好的每一天，创造美好的人生。

2012年6月

高岛彻治

目录

第 1 章　最好在睡前记忆东西

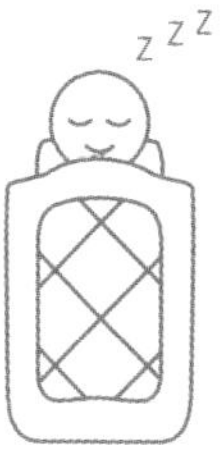

第 2 章　让大脑开心，记忆力就会提升

第3章　睡前一分钟是“懒人”的学习法

第4章 提升睡前一分钟记忆效果的诀窍

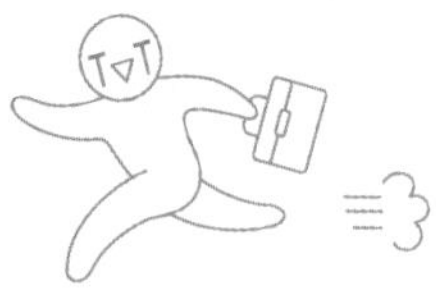

第5章 改变睡前习惯，人生将越来越美好

第1章

最好在睡前记忆东西

1. 睡前的一段时间会决定隔天的成果！

我是一个早睡早起的人。大约早上五点起床，展开一日的活动。我也写过一本讲述如何善用早晨的书，内容包括早上的学习法和工作术等。

如果说我最重视睡前的时间，乍听之下，或许会觉得矛盾。所以首先，我要消除这个误解。

从前，我是典型的夜猫子。工作到很晚之后，还会到居酒屋小酌一杯，回家看完深夜的电视节目后才睡觉，日复一日地过着这种生活。

然而，自从开始挑战各种资格证考试之后，我担心再这样下去会考不上，于是改为早睡早起的作息。直到现在，我几乎没有一天超过凌晨十二点还醒着。如果三更半夜还醒着，早上五点就爬不起来。我之前会在早上七八点起床，但是睡醒的感觉很糟，会神志不清好一阵子。

其实，这种“未开机”的状态很糟糕，无法做任何有意义的事，懒得和家人交流，板着一张脸吃着妻子做的早餐。夜猫子八成都是一个样。

无法进行有意义的活动、使家人吃早餐的气氛变得沉重……这实在是不值得赞许的习惯。我终于意识到这一点，并改为早睡早起。而我是如何调整作息的呢？不单只是改为早起那么简单。其实，我**改变了晚上的生活方式**。

如果不早睡，早上就爬不起来。这是三岁小孩也知道的事。

早睡是基本中的基本。不过，我不只是早睡而已。如果和夜猫子时期一样，维持“喝酒→看电视→睡觉”这种生活形态，只是提早就寝的话，过一段时间后，可能又会变回夜猫子。这就跟减肥又发胖的道理一样。

这么说的话，或许会有人误以为我过着不喝酒、不看电视，像苦行僧一样的生活。但是事实不然。如果采取这种节欲的态度，只会又回到原本的生活形态。**强迫自己改变生活方式是不会持久的**。

那么，该怎么改变才好呢？

回顾我从夜猫子改成早睡早起的经验，首先，要改变晚上的思考方式，尤其是睡觉前的思考方式。

做法很简单，请告诉自己**“睡前的一段时间不是为了睡眠这项休息而存在，而是为了睡眠之后、早上一定会醒来而存在”**。

晚上是为了早上而存在——把这句话输入大脑，即是我早睡早起的开始。

2. 将睡前的三十分钟作为自己的专属时间

晚上睡前的一段时间很重要。**改变睡前三十分钟的度过方式**，不是为了休息而做睡觉的准备，而是为了确保隔天早上醒来能神清气爽地活动。

三十分钟之前做什么都无所谓，可以喝酒，也可以上网。家人团聚也是人生的乐趣。可是，到了想睡的三十分钟之前，要**创造一个人独处的时间**。

必须注意的是，这个时候不要忘我地从三十分钟变成一小时、两小时。可以把这段时间当成看书时间，或者为了明天的工作做准备，但是三十分钟一到就要爽快地收工，不要拖拖拉拉地延长时间，否则隔天早上会变得“不美好”。

睡前的度过方式

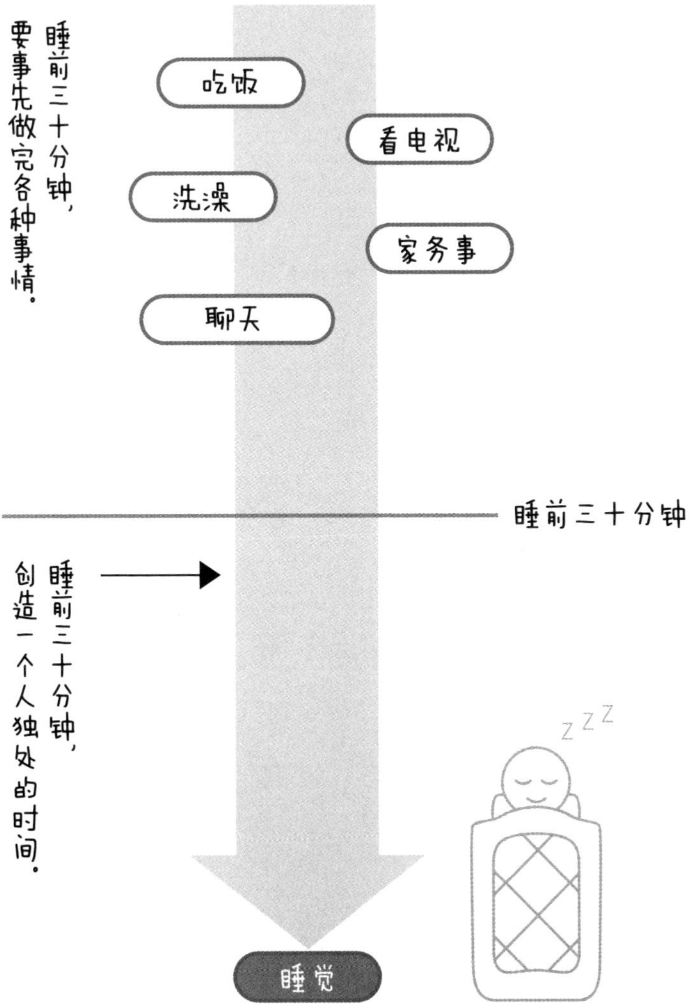
睡前三十分钟，要事先做完各种事情。
吃饭
看电视
洗澡
家务事
聊天
睡前三十分钟
睡前三十分钟，创造一个人独处的时间。
Z Z Z
睡觉

3. 在重要的睡前一分钟准备“做梦”

一个人独自度过三十分钟后，终于到了睡觉时间——这是最重要的关键时刻。以时间来说，大约是一分钟。这一分钟做什么会大幅影响隔天早上的状态。

早上心情改变会导致人生改变。因为能以积极的心态迎接早上，一个人一整天都能保持快乐的心情。每天过着这种生活，整个人生就会变得更宽广，个人也会过得更幸福。这也是一个人成功的关键。我甚至认为，我考取九十一个资格证书的最大制胜原因，就在于这一分钟。

睡前一分钟是指：心里想着“好，睡觉吧”、刻意让自己睡着之前的一分钟。有时候可能坐在床边，有时候可能钻进了被窝。房间只剩下床头灯或小台灯，主灯熄灭，也就是“今天的活动已经结束”的时候。

我想，这时候大部分的人都已经处于什么也不做的态势，只等着**最后一分钟的活动——准备做梦**。

准备做梦是为了让大脑在睡眠时，基于自己的意思工作。因为这是“即使没有意识，大脑也在工作”的一分钟。

这一分钟为何重要呢？“准备做梦”是什么意思呢？接下来说明睡眠的机制，解除你的疑惑。

4. 大脑在睡觉期间也在活动！

我想，你应该听过**“睡眠革命”**这四个字。它也被用于促进熟睡的心理治疗等，但那是宣传台词。我所说的“睡眠革命” 是指：之前一直扮演藏镜人（躲在幕后的角色）的“睡眠”，在睡醒时一跃成为举足轻重的主角。

多数人都认为睡眠只有“休息” 的功能，而经脑科学专家研究睡眠的机制后发现，**大脑在我们睡觉的时候也在努力工作，并且会对睡醒后的大脑运作造成莫大的影响。**

换句话说，**可以“利用”睡眠**。

我认为，这是一项了不起的研究成果。毕竟我们之前一心认定“睡着的时候，大脑也在睡觉”，但是大脑并没有在睡觉。

即使我们心想“必须让大脑休息”，闭上眼睛想让大脑放空，大脑也没有休息。

事实上，有证据证明大脑在人入睡后会自行运作，那就是“做梦”。正因为大脑不按照我们的意思在运作，所以才会做梦。

脑科学专家一直关注“梦”的产生过程。他们研究发现，我们做的梦，和在某处发生过的事或想法有关，也和前一天发生的事密切相关。平常在想、在意的事情也是梦的素材之一，十年前发生的事情也有可能入梦，甚至与二十年前发生的事情互相重叠。

有的时候没有梦，但不是没有做梦，只是不记得而已。脑科学专家指出“人记得的梦只有当天做的梦的 1%左右而已”。因为我们每天晚上做了太多的梦，所以只能记得其中的一小部分。

5. 在脑海中复苏的梦是记忆的重现工厂

大脑在梦的产生过程中扮演什么角色呢？它可能在重现我们的记忆。这是脑科学专家根据研究所得到的结果。从我自己的学习经验来看，我相当认同。在之后的篇章我会引用脑科学最新的研究成果，同时透过我自身的体验，来验证这些看法。脑科学专家指出**“梦是在重现记忆”**。我把它解读成，“梦是记忆的重现工厂”。

而利用睡前对这种梦的重现作业提供新的“素材”，正是我的学习诀窍。

我们睡觉的时候，大脑这个重现工厂的仓库里，累积着与年纪相当的素材量。

但它们都是旧素材。如果提供新的素材，就会重现新的记忆，进而产生新的梦境。所幸，**记得的梦通常是由较新的记忆产生的**。

举例来说，从前的记忆经常会在梦境中复苏，像是梦见二十年前住的房子或街景、很久以前过世的人。但大多只是在醒来的那一瞬间会记得，洗脸的时候已经忘掉了。

不过，假如是梦见前一天的会议情景、两天前拟的企划书，或者一周前遇见的心仪女性或男性，就会很意外地记得很清楚。

你是否有过和同事聊起“我昨晚梦到你了”的事情？那或许是因为梦的素材还很新，所以清楚地记得，也可能因为它是美梦，所以想一直记得。

这个研究成果让我萌生了**有意识地利用梦**的想法。而为了落实这个想法，我开始努力学习睡眠和梦的机制，并且加以实践。

梦会帮助记忆

6. 了解睡眠的机制！REM睡眠和NREM睡眠

接下来，我想针对睡眠和梦的机制，和各位读者建立共同的认知。

我们的睡眠分为“REM睡眠”和“NREM睡眠”两种模式。这两种睡眠模式早已广为人知，蔚为话题，想必也有许多人记得这两个专业术语。

“REM”是取“Rapid Eyes Movement”的首字母，直译是“快速眼球运动”。即使闭上眼皮，眼球也不断地动来动去。简单来说，**“REM睡眠”是指大脑的浅睡眠。大脑和清醒时一样在运作。**若是测量REM睡眠时的脑波，会显示跟醒着一样的波形，证明大脑正在运作。与此相对，**当身体完全放松，处于深睡眠、休息的状态就是“NREM”（Non- Rapid Eyes Movement）睡眠，眼球停止运动，大脑进入休息状态。**这时测量脑波，也会呈现平稳的波形，显示大脑正在休息。反倒是身体相当好动，翻身、踢被子都是在NREM睡眠模式中发生的。

REM睡眠和NREM睡眠会交互进行。一旦进入睡眠，会先进入 NREM睡眠七十分钟左右，然后换成 REM睡眠二十分钟左右，接着又进入 NREM睡眠，如此反复这种周期。也就是说，七十分钟+二十分钟＝九十分钟是一组，一个晚上会循环好几次。

REM睡眠时大脑持续运作，有人说“做梦是因为浅睡眠”，这个说法是正确的。**以大脑的活动来说，REM睡眠是浅睡眠，NREM睡眠是深睡眠。而从身体的角度来说，REM睡眠是深睡眠，NREM睡眠是浅睡眠**。总而言之，记得大脑和身体的浅睡眠和深睡眠正好相反，或许就比较容易理解。

我在思考这篇文章的架构时，日本放送协会（NHK）的高收视率节目《老师没教的事》正好在讨论 REM睡眠和 NREM睡眠，节目中说明，进入 REM睡眠时，大脑对身体下指令的开关就会关闭。但有些时候，这个位于脑干的开关会发生小故障，因此有人会在 REM睡眠时，直接将做的梦付诸行动，例如梦话连篇或夸张的睡相。有人甚至会起身行动，即所谓的“梦游症”。

开关故障的状态称为“快速动眼睡眠行为障碍”，是一种睡眠障碍疾病，必须接受治疗。

在《老师没教的事》节目中，指出了非常重要的一件事：**REM睡眠时的大脑正在整理记忆，所以具有学习效果**。这也是我在本书中介绍的学习法所依据的学说之一。

REM 睡眠与 NREM 睡眠

REM 睡眠

- 大脑浅睡眠
- 身体处于休息状态（深睡眠）
- 大脑正在运作
- 一次二十分钟左右

NREM 睡眠

- 大脑深睡眠
- 身体处于活动状态（翻身）
- 大脑正在休息
- 一次七十分钟左右

7. REM睡眠时的大脑正在全力整理记忆！

“REM睡眠时的大脑正在整理记忆，所以具有学习效果。”这句话深深地印在了我的脑中。

REM睡眠时，大脑和清醒时一样在运作。如果能让大脑依照自己的想法有效地运作，肯定能够提升学习效果。

我前面说过“梦是记忆的重现工厂”，但就“REM睡眠时的大脑正在整理记忆”这一点而言，大脑其实比醒着的时候发挥了更惊人的功效——提高专注力。

这可以从两点说明。

第一：REM睡眠时的大脑，会关闭对身体下指令的开关，因此能够更集中于“整理记忆”这项工作。

第二：因为进入了睡眠，所以人看不见现实世界的任何事物。听觉、触觉、嗅觉都在休息状态，不如清醒时敏锐；而味觉更是完全关闭。

感知现实世界的五种感官全部处于关闭状态，所以不会接收到多余的信息。例如我坐在计算机前面敲键盘写稿，如果稍微从

人在清醒时，来自四面八方的资讯会不断出现

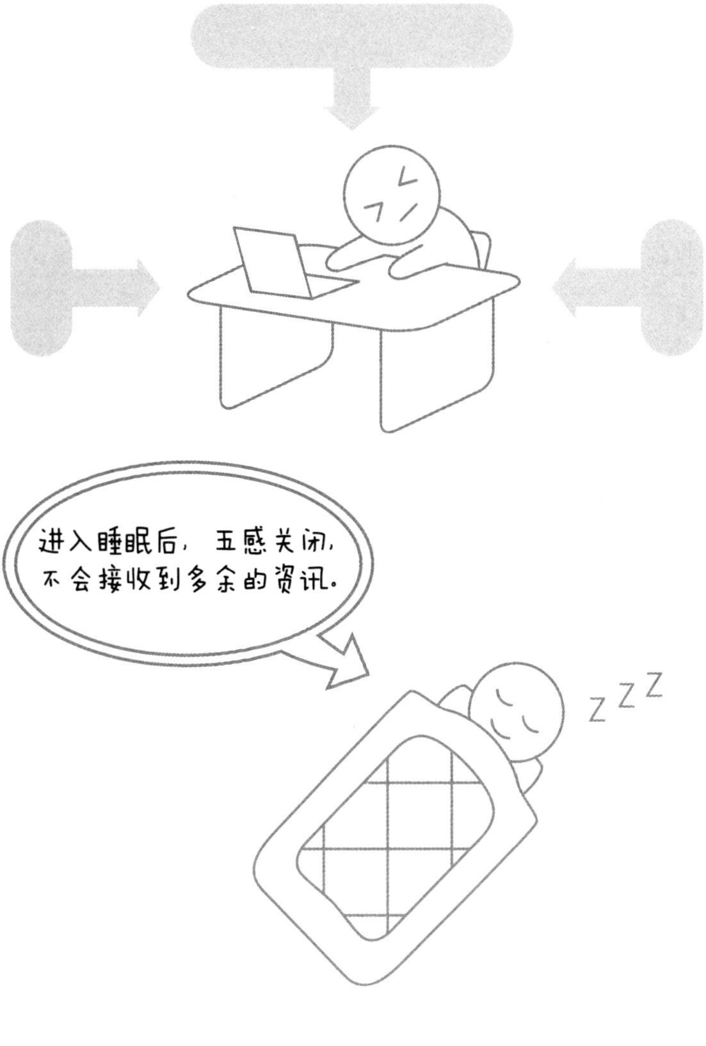

屏幕移开目光，各种信息就会不请自来地映入眼帘。若是望向窗外，就会看见树上绿叶被风吹动、听见绿叶沙沙作响、看见有人走过马路、听见奔腾的车声，不时还会听见直升机嘈杂的引擎声。

这简直就是故意不让人集中精神似的，多余的信息总会从五种感官跃入脑中。

睡眠时就没有这些干扰。**活动于 REM睡眠时的大脑，不会接收到新的信息，所以只能专注于整理旧的记忆、重现记忆等工作。**

这实在是一个良好的工作环境。换言之，这是阻断所有外部刺激的好时机。

8. 记忆的指挥官“海马体”越晚越活跃

大脑在浅睡眠时的专注力会使人梦见二三十年前的景象。也就是说大脑以惊人的专注力重现从前的记忆，并将之化为梦境。

我们知道，在大脑中掌管记忆的是海马体（Hippocampus）。海马体又称为“记忆的指挥官”，它会接收新的信息，按照优先级分门别类，存放在大脑中适当的地方。

而随时从大脑取出需要的信息，也是海马体的职责。有一个学说认为**海马体在夜晚时会变得很活跃**。

但为什么海马体在晚上会变得活跃呢？目前尚无充分的论证，但可以确定的是，一旦阻断接收新信息的管道，海马体就会拼命专注于整理旧的信息。

虽说是旧的信息，但不要误解为是很久以前的信息。正确来说，旧信息指的是已经输入海马体的已知信息。这么一来，就连睡前的信息也会被认定为旧的信息。

相对地，**海马体会将实时的信息视为新的信息**。

在没有实时信息进来的睡眠期间，身为指挥官的海马体会勤奋地整理旧的资讯。而且会小心地处理其中较新、睡前接收到的信息。

这种睡眠时的信息整理，也是我的学习经验。

如此一来，从隔天早上醒来到日落回家之前，前一晚努力记下的事仍会清楚鲜明地留在记忆中。只要唤醒记忆，马上就会想起。

这可以说是海马体优先处理睡前记住的内容，予以分门别类、整理加工所带来的效果。

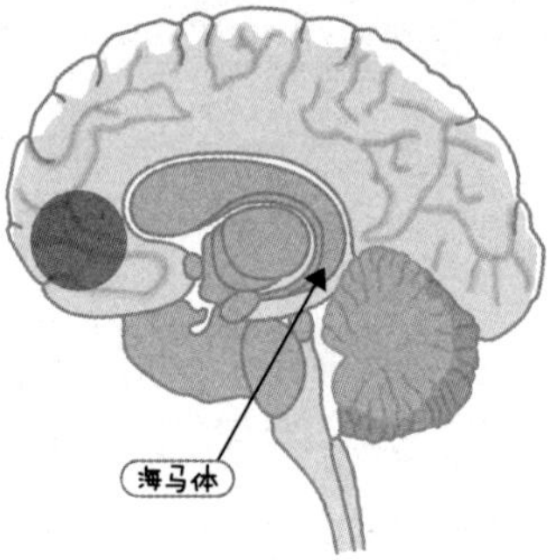

9. 熬夜念书百害而无一利！死记硬背只会白做工

各位是否同意“睡觉的时候，大脑会以海马体为主，拼命地工作”呢？

那么，无视大脑在睡觉时会拼命地工作，熬夜念书好吗？从晚上到早上不间断地处于清醒状态读书——特别是背诵科目，有效吗？还是好好地休息、确保睡眠时间比较有利呢？

我从前在考高中和大学时，也经常熬夜念书。尽管觉得这么做很不值当，但为了考上学校，仍认为这是理所当然的。

当时，同学之间常常提到“四上五落”。意思是睡四小时的人会考上，但睡五小时以上的人会落榜。因此，我很自然地把这句话当真，告诉自己“不能睡”，得认真念到三更半夜。然而，若从“牢记”的角度来看，这么做简直错得离谱。

如果隔天有考试，考题中恰巧出现了前一晚读过的知识点，或许称得上有效果。但是，如果没有牢记，几天后就会忘得一干二净。

这种做法就算适合学校的期末考试，也绝不适合像耐力赛的考试。

东京大学的池谷裕二副教授以研究海马体而闻名，他在其著作《加强记忆力》中，介绍了美国精神学家罗伯特 ·史蒂格关于记忆的研究结果：

罗伯特·史蒂格在2000年的《认知神经科学》杂志中发表的研究成果指出，为了学会新的知识或技能，在当天学习后必须睡足六小时以上。若没在强行记忆后好好睡上一觉，所记的知识就不会铭刻在大脑的颞叶中，并在几天后消失。

颞叶是大脑的一部分，作为记忆、听觉、语言等的中枢，发挥重要的功能。不会铭刻在颞叶中，指的是海马体不会将接收到的信息传送至大脑的“内存”。

若以计算机比喻，输入的信息不会储存在硬盘里。或许会暂存于某个地方，但终究只是暂时储存罢了。几天之内，最长一个月，信息就会消失得无影无踪。

如此一来，**熬夜念书就变得毫无意义，而且还缩减了宝贵的睡眠时间**，其实是得不偿失。

10. 强化记忆、牢记在心，适当的睡眠时间是几小时？

在记忆的重现工厂中，除了整理信息外，也会进行强化、牢记等工作。这时候，大脑进行比对、整理存量巨大的信息和前一天接收到的新信息，再小心翼翼地存放于长期记忆的“文件夹”中。

强化记忆、牢记在心是指连接旧信息和新信息，并进行以下分类：

这些信息和你的人生没有关系，所以放这边；

这是对一辈子有用的信息；

这是为了达成你目前的目标所必备的信息，等等。

仔细地分类后，再将有用的信息深深地烙印在大脑中。

我们可要好好感谢大脑啊！但熬夜念书等于是主动放弃这种令人感念的事。

适当的睡眠时间因人而异，成人一般是六至八小时。我的睡眠时间大多是六个半小时，相当于四至五次 REM睡眠的周期。

在这四至五次REM睡眠的期间内，大脑会做大量的工作，所

需要多少睡眠时间？

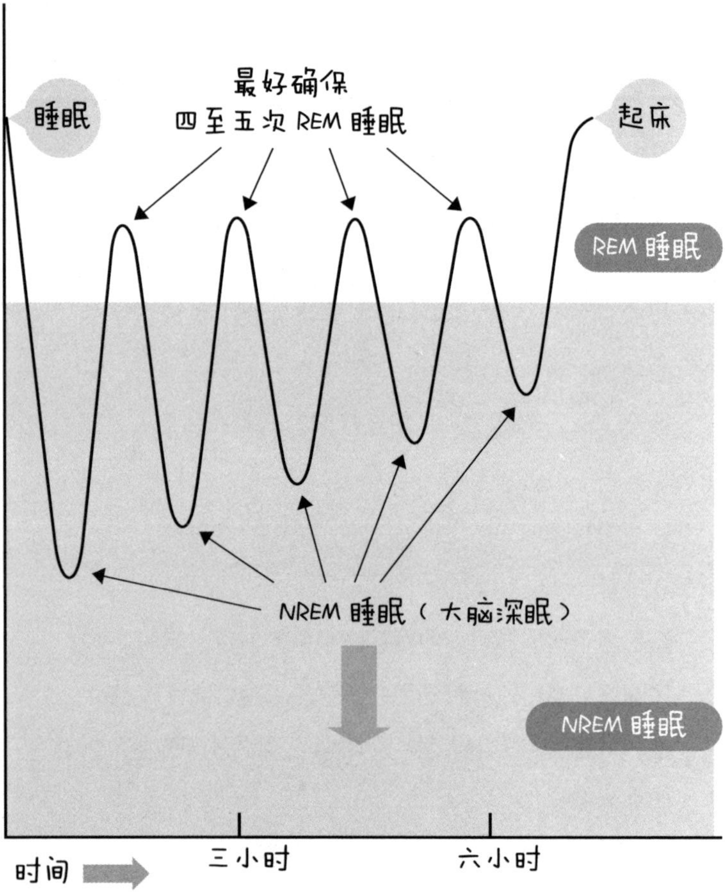

要睡六小时以上！

以我无论如何都会确保六个半小时的睡眠时间。或者可以说，我已经养成了习惯，所以能够轻易地确保充足的睡眠时间。

请各位也务必**确保六小时以上的睡眠时间**。**至少要让大脑好好地运作四次 REM睡眠**。

接下来的章节将会详解睡前做什么有益于加深记忆。

第2章

让大脑开心，记忆力就会提升

11. 积极很重要！大脑喜欢充实的人生

我觉得，大脑希望它的主人有一个充实的人生，它会因为我们想法的不同，而决定是否执行这个原本具有的意念。当我们正面思考时，大脑就会全力支持；但没来由地陷入消极的精神状态时，大脑就会拒绝工作，罢工。

当你满心愉悦、正向地思考事情时，你会发现很容易产生各种新颖的创意，那是因为记忆的抽屉在适时地释放出各式各样奇妙的点子。

相反地，若是变得消极，就会想不出半点创意；若是嫌弃自己的大脑“怎么这么笨”，大脑就会闹别扭，不愿工作。当心中觉得“我是个没用的人”，丧失自信时，大脑就会罢工。因为**大脑讨厌负面的生活态度**。

这也适用于做梦。当心情低落、有心事的时候，你是否会做奇怪的梦呢？想想看，“鬼压床”的梦境是否也在这种时候出现呢？

所谓的“鬼压床”是指：想要逃离梦境，但身体却不能动弹的状态。这是因为身体在完全放松、陷入深眠的 REM睡眠时做梦。明明大脑在活动，但是身体没有在动，这种时候如果做了讨厌的梦，就会产生“鬼压床”的现象。这种梦大多会跟从前讨厌的记忆有关联。

就此而言，大脑或许是在对我们发出“你要乐观进取”的警告。

相反地，若是做了美梦，一觉醒来会觉得非常愉快。如果梦见和心爱的男朋友或女朋友约会，应该一整天都会感到幸福满溢。

若是每天都很幸福，将来也会一片光明。因此，要心想“我要活得更快乐！因为我的大脑会全力支持我”。

12. 不能给予大脑压力，充满压力的背诵式学习是不可行的！

各位擅长背诵式的学习吗？我不行。或许有人会认为，我考取了九十一种资格证，应该很会背书，但其实我真的不擅长死背硬记这种学习方式。

我想起高中时代准备世界史的经验，那时的学习毫无章法可言，我试图从头到尾背诵教科书和参考书的内容，每天晚上读到三更半夜。我采取完全死背型的念书方式，拼命背“哪一年、在哪个国家、发生了什么事、是谁引起……” 这种史实。

回顾当年，我念世界史念得最痛苦，一点也不觉得有趣，只是闷着头苦读。我想，那时候大脑肯定承受了相当大的压力。几年前，我想报名参加历史能力检定考试，重新拾起书本，却发现几乎什么都不记得，因此大感错愕。

起初我还抱着些许期待，“怎么说我也考上了理想中的大学，应该多少还记得一点吧！”但是，全部还给老师了。

我甚至感到悔恨：当时的学习算什么呢！

我当时确实在考试中获得了不错的分数，我的大脑也在当时

大脑不喜欢没有自主性的背诵学习

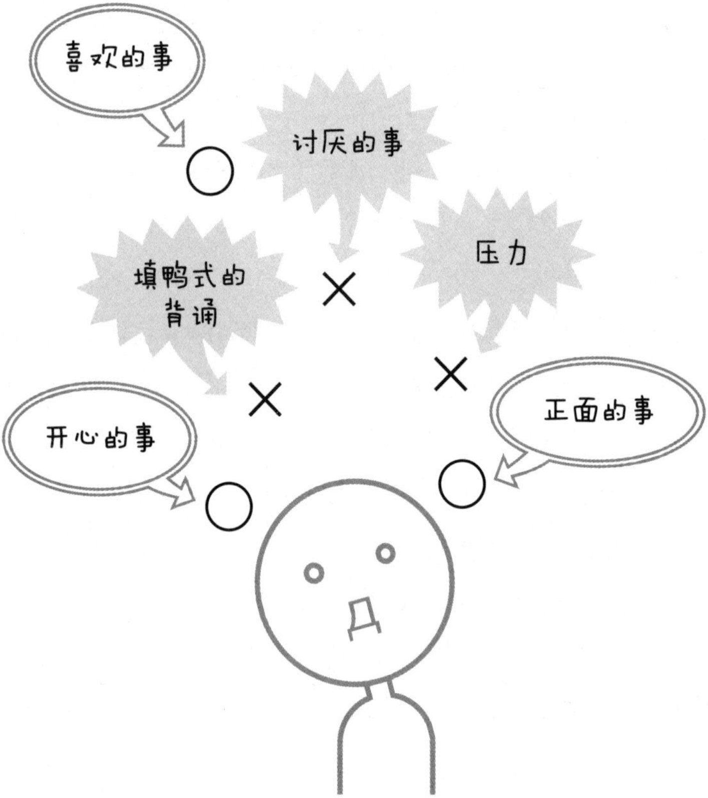

在有压力的情况下背诵内容，
即使能记住，但短时间内就会忘记。

支持了积极努力、想拼命考上的我。

我心想：既然那么努力了，所学的知识虽然是暂时储存，但应该会放进记忆时间较长的记忆储藏库吧。然而，考试结束之后，大脑误认为“这些已经没用了吧”，便删除了记忆。

若是对照“大脑寻求充实的人生” 这一点，可以说纯粹背诵学习不属于 “充实的人生”。就突破考试这道难关而言，虽然是正面的，但是几乎看不见未来，可以说是一种应付一时的贫瘠学习法。

因此，大脑并不是真心地支持我。非但如此，因为我试图把知识塞满大脑，所以大脑承受了巨大的压力。压力不但有害身体健康，对于大脑而言，也是相当不健康的。

填鸭式的背诵学习没有自主性。若以工作比喻，就像是不晓得工作的目的和意义，只是默默地持续做着上级吩咐的工作。没有人会对这种工作感到开心。做这种工作时，心里也不会觉得痛快，抱持积极的心态更是不可能。

我想，**大脑不喜欢这种没有自主性的背诵学习**，所以无法全力运作。

刻意让大脑做它讨厌的事，是非常吃亏的。如果总是让大脑充满了压力，说不定真的会生病。

13. 活用“即使不努力，也会自然进入脑中的自然记忆”

那么，该怎么做才好呢？我认为，记东西最好采用“自然记忆”。“自然记忆”是我自创的词，脑科学或心理学中没有这个词。但我认为，这是最适合与大脑和睦共存的方式。

“自然记忆”是指：即使不努力背诵，也会自然记住。

喜欢历史的人，即使不看任何小抄，也能滔滔不绝地说出“大概在哪一年、在哪里、发生了什么事”。这与我在考试念书时，采取死背硬记的填鸭式背诵学习所获得的结果完全不同，因为这些内容会像故事一样累积在脑海中。换句话说，若是完全理解历史的全貌，就有可能发生这种事。

历史迷对历史的偏好也有年代之分，比如有人喜欢战国时代，有人喜欢明治之后的时代等。而喜欢战国时代的人当然会想知道至战国为止的历史事件。此外，也会想知道从战国到天下统一的历史变迁。

因此，即使没有巨细靡遗地记住所有时代发生的事，也会像读故事一样，以喜欢的时代为主，完全理解历史的来龙去脉。而

自然记忆很难忘掉

自然记忆

- ○ 记住喜欢的事
- ○ 调查好奇、不知道的事
- ○ 因为日常使用而学会融会贯通

↓

长时间留在记忆中

填鸭式的背诵

- × 死记单词或年号
- × 临时抱佛脚地念书
- × 不情不愿地背诵

↓

短时间内马上忘记

最后由于喜欢这个时代，也会自然地记住重点“哪一年、发生了什么事”。

接着，让我们试着思考学习语言的一些技巧。我曾经为了背英语单词吃了一番苦头。然而，没有比利用单词学习语言更无趣的事了，如同我念世界史一样，单纯地背诵单词马上就会忘记。结果，不会说也听不懂，沦为派不上实际用场的学习。这也是大脑不喜欢的贫瘠学习法。

再分享一下我高中时的事。我比较擅长英语，不过，我完全没有使用当时有名的“赤尾单词本”等教科书，而是一面阅读以毛姆（英国现代小说家、剧作家）等人的散文为题材的英语文章，一面在故事中自然记忆单词。上大学之后，第一堂英语课有小考，我的成绩是班上第二名。

只要在纯粹说英语的环境中生活几个月，就有可能学会流利的英语口语，包括英语听力也会大幅提升。当然一个人对英语的掌握程度会依其待在国外的时间长短和生活方式而有所差异，但如果是以留学的形式在当地购物、游玩、生活，任谁都能在英语听说方面应对自如。

在国外待过的人都会说：就算不念书，也会自然地学会英语。

这正是一种**自然学习记忆法**。当然，大家总会随身携带袖珍型字典或电子词典，遇到不懂的单词就查，这也算是自然记忆的范畴，因为你并不是为了背诵才查字典的。

14. 用三句口头禅提升“自然记忆力”

自然记忆是建立在个人积极向上、对未来有憧憬的基础上，所以大脑非常喜欢，也非常欢迎，会把它收藏在记忆储藏库的重要抽屉里。自然记忆法也可以运用在各种考试中。做法很简单，在念教科书或参考书时，经常自问**“为什么”“目的是”“如何做”**，一面思考一面往下阅读。我将**“为什么”“目的是”“如何做”**命名为“口头禅三兄弟”，在准备考资格证的过程中，总会不断地以这三兄弟自问自答。

“口头禅三兄弟”是加强理解的“催化剂”。就像是一边催眠自己“理解才能记住”，一边继续念书。如果没有仔细理解想记住的内容，绝对记不起来。

理解等于是将所学内容纳为己有。

在记忆的知识中，“理解”并非指为了通过考试而暂时掌握一时用途的知识，而是对自己的人生有帮助的知识，同时必须跨越“忘记 / 不忘记”这个层次，让知识累积在大脑的“储藏库”中，并积极运用，以便在某个时刻派上用场。

提升"自然记忆"的方法

❶ 不要照单全收。

❷ 分出重点与非重点。

❸ 特别留意重点！

理解之后，不但能够牢记，而且能让学习变成一件快乐的事，人也会变得越来越积极，甚至会觉得自己的人生之旅日益有价值。这么一来，大脑就会更积极地工作。

而未经理解就想要记住一切，是囫囵吞枣的学习法。分不清楚什么是重要的，也不晓得事件的连带关系、前因后果，只是漫不经心地从头记到尾，极为被动且欠缺自主性。这种做法一定会被大脑讨厌。

换句话说，在**睡前一分钟复诵无论如何都想记起来的事，或是抄写笔记，这些行为都必须建立在“已理解”的前提下**。

因此，能够被划分为重要的事，证明已通盘理解，于是大脑会确实地记忆。海马体会将它分类为“重点知识”，放进优先收件夹。当进入 REM睡眠时，海马体就会开始进行 “重点知识”强化记忆、深植脑海的工作。

如果自己认为很重要，那么大脑就会记得。这可以说是自然记忆的一种模式。

15. 学习完重要的内容之后，最好将睡觉作为“学习结束”的仪式

从“认知心理学”的角度说明记忆的优先级，其实也和自然记忆有关。

“认知心理学”是研究人类或动物透过学习而使行为模式改变的过程，为心理学的分支之一。著名实验“巴甫洛夫的狗”（ 由获得诺贝尔生理学奖的俄国生理学家巴甫洛夫所进行的实验：每次给狗送食物以前打开红灯、响起铃声，这样经过一段时间以后，铃声一响或红灯一亮，狗就开始分泌唾液，即“条件反射”）也是认知心理学的实验案例。

这项认知心理学的研究成果中，可用“**倒摄抑制**（Retroactive Inhibition）”的概念来说明。如果先对一项内容“第一学习” 之后，马上进行另一项内容的“第二学习”，将会妨碍先学习的内容的大脑记忆。

举例来说，如果在读完英语之后，立刻读语文，就会妨碍英语的学习效果。换句话说，会导致英语记忆的丧失。这种情况会在学习类似内容的时候发生。

就我个人的经验来说，我在报考社会保险劳务士时，如果在读养老年金保险法之后读国民年金法，就会混淆两者的法令规定

连续学习会妨碍记忆

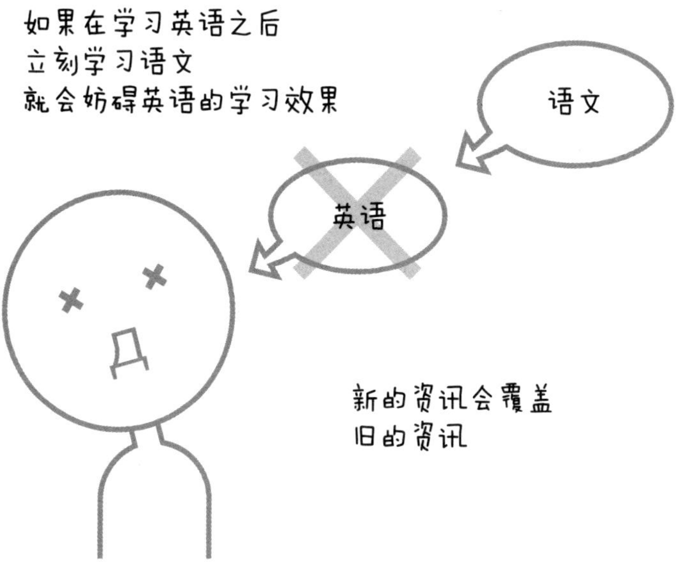

诀窍

学习不同科目时，

中间必须休息十至十五分钟的时间！

而大伤脑筋。

或许有人会持相反意见：我同一天晚上学习不同领域的科目，但是我却记得一清二楚。我在挑战考取九十一个资格证书的高峰期，也曾同时准备两种以上的科目。不过，换到下一个科目时，我一定会在中间休息。

因为我感觉到，若是不休息继续念下一个科目，之前的学习效果恐怕会减弱。持相反意见的人肯定也会安排中场休息。

休息时间因人而异，但就像学生时代的下课休息时间一样，至少要**让大脑休息十至十五分钟**，否则大脑过度疲劳，将无法顺利地切换到另一个科目。此外，大脑在醒着的时候，无时无刻不在接收各种信息，若不让大脑休息，信息也无法被有效地接收。

我并非一开始就知道认知心理学的“倒摄抑制”。事后回想起来，我之所以莫名其妙地担心之前的学习效果减弱，是基于本能地察觉到了倒摄抑制。

因此，除了不得已的状况之外，学习重要的内容之后，我都会告诉自己：“今天的学习到此为止。”然后上床睡觉。

这样做之后，我发现自己起床后也清楚地记得读过的内容。而且，不仅是第二天早上记得，在那之后也一直清楚地记得。

我曾经跟许多人一样，对于自己过了五十岁之后，记忆力可能会衰退略感不安，但现在我再也不需要担忧了。

我想说的是：**人不会因为上了年纪就发生记忆力减退**的情况。读完本书，必定能消除你对记忆力减退的不安。

16. 美国的记忆力实验证实了睡眠的效果

20世纪初，美国心理学家詹金斯和戴伦巴哈做了一个记忆力实验。他们将受测者分成“立即睡眠组”和“整日清醒组”，然后让两组人记忆十个没有意义的单词，看看哪一组能确实记得。

睡眠组的实验是在晚上进行。在让受测者记住该记的内容之后，请他们马上入睡；清醒组的实验在早上进行，在要求受试者记住那些单词后，如常让他们进行一整天的活动。

你认为哪一组记得比较清楚呢?

答案是**睡眠组记得比较清楚**。实验结果显示，睡眠组超过一半的人记得那十个单词，而清醒组的人却很健忘，记忆的单词不到睡眠组的一半，两者之间的差距悬殊。

这个实验证实了睡眠会提高记忆的保持率与再现率，完美地证明了我基于经验获得的一贯主张：**将睡觉作为“学习结束”的仪式可以提升记忆的效果**。

我暗自揣想：清醒组的分数之所以那么低，恐怕是因为认知心理学中所说的倒摄抑制发生的结果。

相对地，睡眠组在睡觉期间，**大脑具有完全的专注力，能够致力于“整理信息”和“强化记忆”的工作**。

同时脑科学也证明：在睡觉前，而且是睡觉前的一小段时间学习，对于“记忆东西” 效果显著。因此，我们应好好利用睡眠来协助记忆。

17. 早上“看重点”会进一步提升记忆效果

大家早上醒来时，心情如何呢？应该不是“唉！又要展开无聊的一天了”吧。如果你在看本书，就代表你的心态是积极的，但如果总是伴随着消极、懒散的情绪，就有点悲哀了。如果每天醒来都是这种感觉，那么在这段时期，大脑对你的支持力可能会降低。

我每天早上醒来总是神清气爽，并从心底赞叹：“今天也是美好的一天。”

这是我力行早睡早起之后发生的“好事”。我在熬夜的时候，如同前面提到的，醒来的感觉不怎么好，总是板着一张脸。也因此对家人造成了负面的影响。

当我实行**“晚上早睡，五点清醒”**的规律生活之后，晨起的感觉变得舒泰爽朗。

我想，这应该与**睡前自主性地给予大脑正面的刺激**有莫大的关系。

之所以突然提到早上醒来的心情，是因为我想建议大家，**早**

上起床之后应立刻确认是否确实记得睡前学习过的内容。也就是检查睡觉的时候，大脑有没有好好工作，而大脑应该也希望你替它的工作成果打分数。

我总是一起床就马上确认睡前学习的内容，这也是一种复习。

大脑在早上会结束睡觉时进行的整理信息和强化记忆工作，然后慢慢地进入“今天的准备态势”。醒来的那一瞬间，大脑尚未接收到任何今天的信息，呈空白画布般的状态，如果在这时稍微复习一下，身为指挥官的海马体就会立即进行分门别类的工作。

具体而言就是浏览睡前学习过的重点。

如此一来，大脑会有这样的反应：“喏，记得一清二楚的吧，因为刚放进储藏库。可是，既然你一早又复习，可见非常重要，所以放进优先级最高的抽屉吧。”早上的复习如同在与大脑进行这样的对话。如此，大脑会进一步认知到它的重要性，并把内容深植脑海。

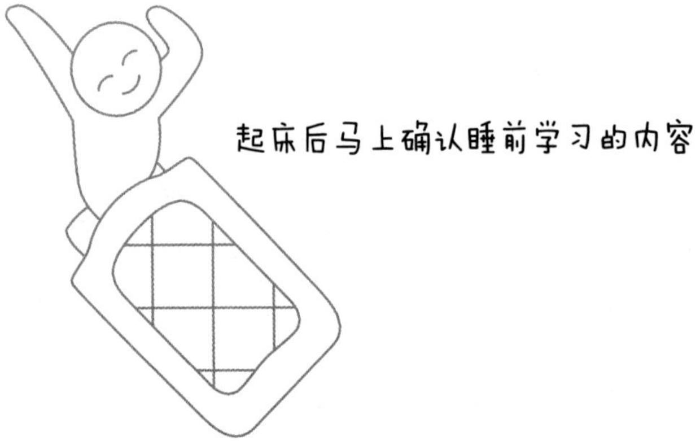

18. 早上确保三十分钟的独处

早上醒来的复习，对于记忆会发挥强大的效果，请一定要试一试。

这项复习工作最好在**刷牙洗脸之前**进行。如果先洗脸、上厕所，或者丢垃圾，大脑这块画布就不再空白了，因为大脑会吸收到各种外部刺激。

而若是跟家人同住，总会发生抢厕所、小口角等突发状况，大脑会因此闹别扭，千万要小心。

容我再次提醒：大脑喜欢积极向上的心态，最讨厌早上的争吵。

就这个意义而言，关于早上的度过方式，我有另一个重要的建议：和睡前三十分钟一样，早上必须维持爽快舒畅的心情，**确保三十分钟左右的独处时间**。

一般在上学、上班的平常日很难做到这一点，但如果养成习惯，一定会开启更美好的人生。

另外，如果起床后手忙脚乱地准备出门，这种**慌慌张张的行**

早上也要打造属于自己的三十分钟

×

○

为无法让大脑感受到生活过得充实和快乐，大脑不喜欢，也就不会支持你想记忆的东西。而且，大脑还会感受到沉重的压力。

如果心里一直想着“不能迟到”“来得及吗”，满脑子都是公司的打卡机或学校的上课铃声，这会使大脑完全变成“公司的”和“学校的”，而不是属于“自己的”。因此，任何情况下，都必须让大脑始终保持在属于“自己的”的状态下运作。

我们常常忽略身边的小事，例如在上班或上学路上，总是急匆匆，从没有注意过路边开着漂亮的花；纵然街道上有了季节的变化迹象也浑然不觉；即使公交车、地铁上的广告出现对你有帮助的信息，眼睛也不会注意到。

大脑其实很讨厌这种忙碌的生活，它会降低大脑对外在世界的感知力。如果不抱持从容的心情观察四周，就无法锻炼感知力。所以，**让每天的生活过得从容一些吧**。

19.“早上复习”之后，最好悠闲地散步

那么，在确保三十分钟左右的悠闲独处时间里，要做什么才好呢？你可以在这段时间里学习或工作，但根据我的经验，起床之后的三十分钟，大脑似乎还不想积极地工作，所以很难如愿地记忆。

我认为最理想的方式是：早上起床复习后，梳洗完毕，一个人出门散步。然而如同我所说的，这是“最理想的方式”，现实中我并没有每天执行。但是在挑战考各种资格证的日子里，只要天气好，我几乎每天都会去散步。起床后散步三十分钟，在无形中会对大脑产生各种加分效果，比如净化心灵、活化脑力、提升学习意愿等。

那时我每天走不同的散步路线，尽量经过公园。早晨的公园，树木欣欣向荣，令人心情愉悦。除了公园之外，早晨的街道也让人有一种“和善”的感觉，甚至连房子和大楼等建筑物也变得焕然一新了。

这种早上宜人的气氛，应该与空气的变化有关。黎明之前降

温的地面、建筑物、人行道的树木和公园的花草，一经破晓的阳光加温，就会产生晨雾。晨雾蒸发时，空气中会产生大量的负离子，这种负离子会净化空气，让人感觉清爽。现在有许多家电产品都主打负离子，声称负离子具有令人放松和消除疲劳的效果。然而，我认为这种科学性的逻辑并不重要。重要的是，我在散步时感到“神清气爽”就够了。

20. 不可以从一大早就使唤大脑！

若是人感觉舒适，这种舒适感也会直接传送至大脑。

我在散步的时候，会让大脑彻底休息。绝对不会一边散步一边阅读，而是空手散步。

我一般不带手机，但考虑到家人的健康状况，有必须紧急联络的可能，所以还是会把手机放在口袋里，但我时常忘了它的存在。

尽管如此，散步的时候，我基本上会**让大脑停止记忆**。我想大脑应该不想从一大早就忙碌地工作。

在这个时候，大脑会开心地吸收各个感官接收到的令人舒爽的信息，并将之化为自己的养分。

因此，我在这段散步的时间内，只会边走边呼吸清新的空气，以五感感受四周光鲜闪耀的景色。

结束三十分钟左右的散步后，我会在车站附近的咖啡店喝杯咖啡，然后回家。

原则上，这个喝咖啡时光也不会让大脑工作，唯独在接近考试的时候，我会复习前一晚学习的内容。

咖啡店在此时已经有不少客人，感受到此时的热闹气氛，大脑也会觉得“差不多该动起来了”。换句话说，大脑已经做好了整理信息、强化记忆的前期准备，所以也会欣然接受“开始学习”的工作。

不过，实际上我很少那么做。就算要在早上学习或工作，通常也是等到回家之后再进行。我认为这样比较体贴大脑。

21. 笑容会使大脑变积极

早上的度过方式当中，有一件很重要的事，那就是——**起床见到家人时，一定要笑着道“早安”**。

我前面提到，我从前是夜猫子的时候，很少跟家人打招呼，总是板着一张脸。要知道，大脑喜欢快乐、充实的生活，如果总是板着一张脸会对大脑造成负面影响。

年轻的时候，妻子曾提醒我：“你一脸那么可怕的表情，没有人会给你工作的！”

当时我经营一家小型的出版制作公司，主要承揽出版社业务，从企划开始制作书籍或杂志，并获取一定的报酬。从事看人脸色吃饭的工作，要是被出版社讨厌可就没生意可做了。

但年轻的我总是一脸愤世嫉俗的样子，妻子的提醒有如暮鼓晨钟一般，让我醒悟。

之后我去出版社谈业务的时候，总是拼命挤出笑容，也因此没有被人讨厌，这得感谢妻子的当头棒喝。

顺带一提，如今我已完全习惯笑脸迎人，拍照的时候，摄影师总会称赞我："老师，您的笑容真好看。"

总之，我想说的是：**只要你愿意改变，你一定能做到**。就像我曾是典型的夜猫子，现在却判若两人似的变身成了早睡早起的人。

美国著名人际关系学大师卡耐基在其畅销书《卡耐基沟通与人际关系——如何赢取友谊与影响他人》中，也提到了"笑的魅力"。有一位实业家找卡耐基咨询事业问题。他问："我的事业不见起色，我该怎么办才好呢？"

卡耐基立即告诉他："问题在于你的臭脸。从明天起，一觉醒来先对着镜子微笑。以笑脸向尊夫人道早安。然后，外出不管见到谁，都要笑着说'早安'。每天持之以恒。"

实业家乖乖地按照卡耐基的建议，从太太、公寓的管理员到车站人员等，持续对见到的每一个人微笑道早安。几个月后，他的事业蒸蒸日上。

回归正题，我想建议各位的是：**早上醒来之后，先复习睡前学习过的内容，确定牢牢记住之后，去洗脸，然后笑着向家人道"早安"**。独居的人最好对镜子里的自己打声招呼再出门。

道完早安之后，出门散步三十分钟。如果不方便散步的话，就打开窗户，一边眺望远处的景色，一边呼吸户外的空气，哪怕是十分钟也好。这个时候，要将学习和工作的事通通抛开，独自悠闲地度过。

接着愉快地吃早餐。早餐之后，可以稍微读点书，也可以准备出门上班，让大脑开始做今天的第一份工作。

如果能养成习惯，各位的人生一定会有改变。

在此，我要针对习惯补充说明一下。“道早安”和“笑脸迎人”都能透过练习成为习惯。但如果认为“非做这件事不可” 而行动只能偶尔为之，没法变成习惯的话，你所做的事情就可能半途而废。

科学研究显示，从“刻意行动”变成“下意识的习惯”，需要持续采取同样的行动六个月。我想，假如能以六个月作为一个时间段来努力改变自己的处境，这可是一件令人开心的事呢。

22. “晚上睡前”和“早上醒来”之间的关系密不可分！

我在前文中详述了早上的度过方式会对大脑产生重要的影响，但要保证早上起床后周身充满活力，必须确保前一晚过得舒心。

因为“晚上睡前”和“早上醒来”息息相关。

如果晚上过得纸醉金迷，早上醒来的感觉就会奇差无比；如果睡前准备好以积极的心态迎接早晨，早上醒来就会心情舒畅。

入睡前一分钟的学习和醒来之后的复习，是记忆的重点。如果将这个行动变成习惯，记忆力就会惊人地提升。

我在睡前总会在枕边准备“睡眠七道具”，比如笔记本、纸卡、便笺纸等。其实，这七样道具也是“清醒七道具”。我之前在准备考资格证书时，都是充分使用这七样道具来强化记忆。关于这七样道具，会在后面的章节中详细介绍。

我在前文中曾经提到睡眠时间，根据我的研究结果，为了迎接清爽的早晨，并且将记忆效果提升到极限，睡眠时间必须超过**六小时**。

世上确实有着像拿破仑这样一天只需要睡三个小时的人，但应该将他视为例外。

根据脑科学的研究，有极少数的人拥有特殊的身体机能，他们短时间的睡眠（如三小时）相当于一般人睡六到七小时。然而，对于普通人来说，改善睡前的作息和早上醒来的质量很重要。短时间的睡眠会削弱记忆的效果。

我建议的睡前一分钟学习法，如果睡眠不足也会导致效果减半。根据我个人的亲身实践，低于六小时的睡眠并不健康。另外，若是睡眠不足，早上无精打采，一定挤不出大脑喜欢的笑容。

记住，**记忆需要六小时的睡眠**。

美国精神学家罗伯特·史蒂格指出：睡眠不足会使记忆力减退。他同时也强调：**如果想要牢记新知识，学习的那天要睡六小时以上**。

若是套用认知心理学中的倒摄抑制理论，则要在睡前学习想记住的内容，然后直接睡六小时以上。

换句话说，就是睡前一分钟浏览重点，醒来之后迅速复习。

这么一来，就可能完全记住所学的知识。

提升记忆力的生活作息

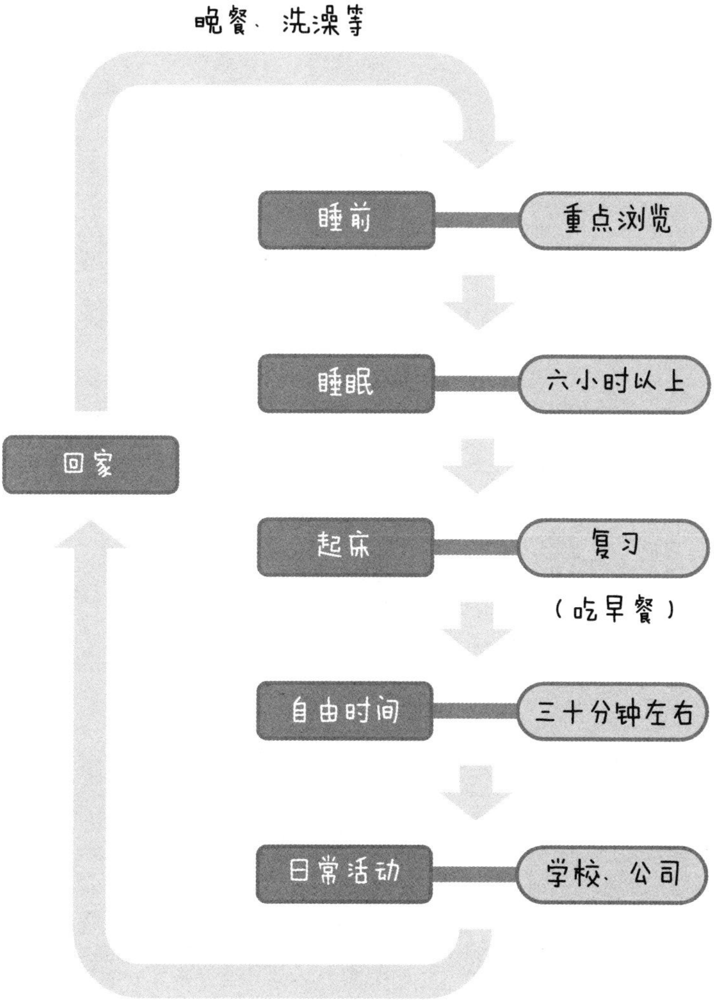

第3章

睡前一分钟是“懒人”的学习法

23. 以睡前一分钟学习法轻松背诵歌词的朋友

以下是我和爱唱卡拉OK的朋友之间的对话：

朋友：“高岛，你有没有背歌词的好方法？我想记住歌词，不管在哪都能哼唱。”

高岛：“有啊。把想背的歌词抄下来，在睡前浏览几次。可以边哼边看，也可以只在脑中哼唱。”

朋友：“睡前是指躺在床上之后吗？”

高岛：“这个嘛，我想，坐在床边也可以。”

朋友：“听着歌曲背歌词吗？”

高岛：“戴着耳机边听歌边背歌词很有效，但是这么做会变成正式的练习。在睡前这么做，对大脑的刺激太强，所以建议你不要这样做。”

朋友：“我试试看。”

几天后，朋友打电话给我。

“哎呀，高岛！你真是厉害。我一字不漏地把歌词背下来了。我去卡拉OK厅、音乐酒馆时，不看歌词也能唱，挺帅气的。谢谢你。”

朋友按照我的建议，在睡前一分钟一边看自己抄写的歌词，一边在脑海哼唱，反复练习，直到睡意来袭，最后自然地睡着。

然后早上确认是否记得，并利用上厕所的时间直接哼唱不看歌词，结果清清楚楚地记住了想记住的某部分歌词。

当然，不只是早上记得，白天边走边哼也不会忘记。

朋友说他试了好几次都记得。然后他花了几天的时间，每天更换新的歌词进行背诵，结果很快都背下来了，如此一来去卡拉OK厅、音乐酒馆都能尽情地欢唱。

朋友运用睡前一分钟学习法，牢牢地记住了歌词，真是令人欣喜。我建议他抄写的歌词笔记是“睡眠七道具”中的一个法则。比起复制网络上找到的歌词，**使用自己亲手抄写的笔记，是睡前一分钟学习法的诀窍**。

24. 保持愉悦的心情入睡，记忆效果加倍

从我的朋友记歌词的例子中，有一个需要记住的要素，那就是做喜欢的事，大脑也“乐于支持”。这也呼应了我在前文中讲到的大脑喜欢积极而充实的生活。

要使睡前一分钟变成更有效的时间，最好在准备入睡之前，**保持愉悦的心情，营造入睡的气氛**。

和家人在睡前吵架是最糟糕的事情，这是大脑最讨厌的事。

我有过这种亲身经验：如果晚上和老婆大吵一架之后读书，学习的内容可以说是“过目即忘”。此外，和朋友吵架也一样影响记忆。尤其和家人大吵一架之后，明明经过了相当长的一段时间，这件事还是在脑海中挥之不去，甚至连学习的意愿都消失了。

当然，吵架不是唯一令人不开心的事情。

在生活中让我们不开心的事情很多，并且这类事情经常是久久缠绕于心，例如在公司或学校发生的讨厌事情、在地铁上或商店里看到不想看到的事、看悲伤的电影或电视剧、看恐怖的电影

或书……这些时候，睡前一分钟学习法会失效。

尽管如此，在生活中，无论是谁都不可避免地会遇到悲伤或惊吓的事。如果因为书和电影“很可怕、很悲伤”就拒绝看，未免有点因噎废食。这么一来，对于人而言最重要的喜怒哀乐等情绪感官将会逐渐退化。

那么，该怎么做才好呢？至少从睡前三十分钟左右开始，如果可以的话，**从睡前一小时左右起，做让人心情愉快的事，努力转换心情**。

以我个人为例，我会在回家之前，到车站旁边的居酒屋小酌几杯，忘掉讨厌的事。当然也可以在家里喝，但我喜欢在居酒屋“独自喝酒” 的感觉，这和在家里吃晚餐时喝两杯的感觉是不一样的。

具体的方法因人而异，但是不管怎样，睡前保持心情愉快，是“记忆”不可或缺的一个重要条件

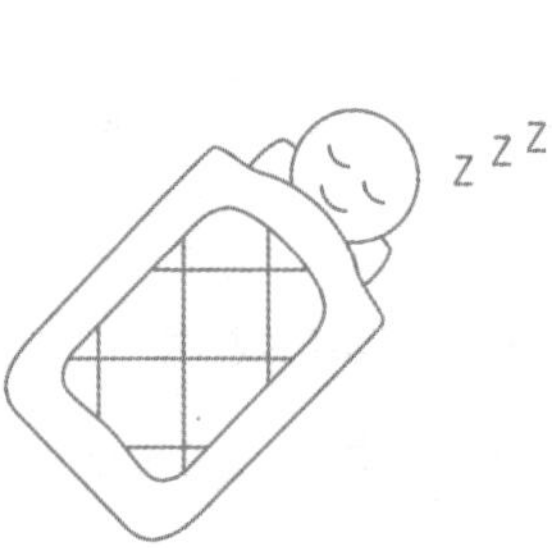

25. 准备“睡眠七道具”

这一节重点介绍我大力推荐的**“睡眠七道具”**。每一个道具都在我挑战考资格证书时发挥了卓越的效果。“睡眠七道具”不仅仅是针对考试，对工作也大有帮助。具体说明请参考下一页。

第❷项道具“便笺纸 / 笔记本 / 卡片”指的是空白的便笺纸和已经写好重点的笔记本，会依当天的使用情形而有所不同。我每天一定会准备空白的便笺纸，这是用来记下**睡前想到的创意或忽然想起的事情**，我经常心想“明天要做这件事”，然后把想到的事情写下来。

就使用方便性而言，便笺纸胜过笔记本。

而在“提升记忆力”这个主题中，具体做法为，事先把“一定要记住”的事情手写在便笺纸或卡片上，并在入睡前一分钟浏览复习。关键就在**“亲笔书写”**。

不要使用电脑制作打印好的便笺纸或卡片，用手写效果更好。因为书写这个行为本身就有助于记忆。

使用便笺纸或卡片没有特别的要求，哪一种比较好因人而

事先在枕边准备好的睡眠七道具

❶ 床头灯

只要是能够照亮枕边的照明设备都可以。

❷ 便笺纸／笔记本／卡片

选择适合自己的任何一种即可。

❸ 多色原子笔

红、黑两色原子笔就可以。

❹ 录音笔

具备录音功能的手机也可以。

❺ 字典

电子字典或有字典功能的手机都可以。

❻ 记事本／日记本

建议使用“一句话日记”“做梦日记”专用的记录本。

❼ 小型收音机

只要是具备收音机功能的小型机器都可以。

异。随手在便笺纸上写好撕下，隔天就可以随身带着看。

至于卡片的大小，最好是能够放进衬衫胸前口袋的名片尺寸，或是88mm×125mm的尺寸，这样可以方便在公交车、地铁上拿出来看。此外，卡片比单张便笺纸厚，整理与保存都相对容易，取得的方式也相当便利，文具店有卖空白的卡片，便笺纸几乎不用购买，一般商户搞活动时都会免费赠送。

若是讲求环保，亲手裁剪回收纸张也不错。第❸项的原子笔是用来写下随时想到的事，准备不同颜色的原子笔是为了在写下的笔记中分出重点。

我会随时准备第❹项的录音笔，懒得写字的时候，可以直接录音。建议大家事先录制想记的内容，睡前可以边听边记。

26. 事先放在枕边方便使用的电子字典和日记本

“睡眠七道具”的第❺项是字典。不仅在睡前的时间看，白天我也随时将它带在身上。阅读书报杂志的时候，如果遇到不懂的术语、意思不确定的字词，不要忽略跳过，要及时查字典。**查字典、确认词义**，可以给予大脑良好的刺激，加强记忆效果。

睡前一分钟亦然，所以我会放在随时可拿的地方。

字典分成许多种，以使用便利性而言，能够随身携带的袖珍型最为适合；而以字词量及功能性而言，电子字典最好。

第❻项是记事本和日记本。有时候我想在睡前确认未来几天的行程，所以总是将记事本放在枕边。

日记本虽名为“每日一记”，但千万别想成是每天都要写，事实上是“一句话日记”或“做梦日记”专用的袖珍型日记本。不必特地去买精美的日记本，一般文具店卖的简单笔记本就可以，或是利用银行或保险公司送的记事本，既实用又经济。

年轻人看到第❼项的小型收音机，或许会无法会意。如今大多数人都是用iPod播放器，或者智能型手机来听喜欢的音乐。

我们这代人从电视机出现之前，就听着收音机长大，所以觉得它比较亲切。收音机和电视机不一样，能够边听边做其他事，例如一边听收音机，一边念书、工作，所以到现在我还是经常使用。

除了掌握时事外，还可以了解新流行的事物，收音机成了我跟上时代的一大帮手。

不过，在执行一分钟学习法期间，集中精神完成记忆之后，请不要再听收音机，而是直接入睡比较有效，所以我不建议“边听边做其他事”。顶多是睡不着的时候，戴上耳机一边听收音机，一边躺着闭目养神，等到想睡了再关掉，把它作为偶尔的辅助道具。在睡前三十分钟的学习、工作期间，也可以用收音机播放和缓的背景音乐，协助平复思绪、静心。

若是失眠或是半夜醒来，与其在寂静中催眠自己“快睡、快睡”，给予大脑“快睡”的压力，不如透过音乐让自己轻松地重新入眠。

听收音机时挑选的电台节目也很重要，广告太多或者主持人大声说话的节目，反而会让人清醒，不适合在睡前收听。推荐播放轻音乐的节目，让大脑在不知不觉间，继续重现记忆的工作。

27. 睡前的学习要“微小、精略、简短”

准备好七项道具后，钻进被窝，或者坐在床边，然后心想“睡觉吧！”此时请记住“今天最后的学习”的大原则。

基本上要**“微小、精略、简短”**。

“微小”是指不要给自己安排很多学习任务，只限于微量地念书、微量地复习、微量地浏览。

“精略”是指不管做什么都要以精悍、概略的形式进行。别想全部记住，而是维持“稍微记一下重要的部分”这种情况，也可以说是“省能型”。此时不可以使用大脑太多的能量。

“简短”是指在短时间内打住。注意，不要“一不小心就花了很长一段时间”。掌握原则，目标时间是一分钟。

然而实际执行时，一分钟有可能变成两分钟、三分钟，但最长顶多三分钟，即使是偶尔破例，也不要超过四分钟。这个原则有点琐碎，但我希望你记住“五分钟太长了”。

我在前文中强调过“理解”的重要性。一旦出现不懂的部分，想要打破砂锅问到底时，我经常会以“口头禅三兄弟（为什

睡前的学习要“微小、精略、简短”

微小

不做正式的学习
只做微量的复习、浏览

精略

不要一把抓
精选重点
忽略细节

简短

不要长时间学习
最好是短时间（目标是一分钟）

么、目的是、如何做）”不断地深入挖掘。

但是，如果在睡前一分钟这么做，一分钟就会延长为十五分钟、三十分钟，甚至更久。**“口头禅三兄弟”可作为睡前三十分钟的记忆技巧，但是入睡前必须避免**，否则会失去睡前一分钟学习法的效用。

如果在睡前为了理解而深入追究，身体会分泌肾上腺素，令大脑变得亢奋，在这种情况下极有可能睡不着，有时就算睡着了却会噩梦连连。

当心里想着“睡觉吧”，然后钻进被窝或坐在床边，大脑接收到这个信息，就会开始准备进入“重新整理今日记忆的工作”，如果在这个待命状态下时间却不断被拉长，甚至大脑接到新的指令，被要求恢复白天工作的状态，这样会扰乱大脑的运作，身为指挥官的海马体肯定会生气。

28. 睡前不要让身体分泌肾上腺素

睡前一分钟只能重点浏览已经理解的内容。如果心中又冒出“口头禅三兄弟”，最多只能完整回答一轮，如果还想进行第二轮，就必须逼迫自己爽快地放弃，等到明天再说。换句话说就是彻底执行“精略”原则。

不仅睡前一分钟，从睡前三十分钟左右开始，最好避免为了理解而深入追究某个知识点，以免身体受到刺激分泌肾上腺素。因为身体一旦分泌肾上腺素，一时之间情绪将很难平复下来。

各位在学习或查信息的时候，是不是有“想大声欢呼”的冲动呢？比如终于明白不懂的事，或者有了新的发现时，任谁都会开心又兴奋吧。

这种正面的兴奋感不是坏事，而且对大脑而言，也是可喜的一瞬间。但是，这种兴奋的情绪是不会在几分钟内平静下来的。通常在这个开心的时刻，有人会忍不住发信息给朋友，或者笑眯眯地在房间里走来走去，这个时候要想让情绪恢复到平静的状态是需要花一定的时间的。

因此，无论是睡前一分钟或是三十分钟，都必须遵守“微小、精略、简短”的原则，以免发生让人兴奋的情况。若要运用“口头禅三兄弟”进行学习或研究，则必须在睡前三十分钟结束，尽量不要选在晚上，最好是在早晨或中午心情平静的时候进行。

睡前三十分钟左右要选择简单的内容，避免挂心于太过艰深的部分。可以像我一样，一边小酌一边轻松地学习。但如果你属于一喝酒就停不下来的人，千万别这么做，因为喝酒会刺激肾上腺素，可能会枉费了睡前的努力。

29. 睡前的时间读哪种书比较好？

无论是研究、学习，或者工作方面的企划提案、调查报告，都少不了作为参考文献的书籍。而在现在这个“秀才不出门，能知天下事”的网络时代，只要连上网络，几乎什么鸡毛蒜皮的小事都能查到相关信息。但上网搜寻并非万能，很多信息往往只是表面之词，而且混杂了不少观点偏颇、含糊，甚至错误的内容。

单就读书而言，几乎没有人不依靠纸质书（教科书、参考书等）的。

那么，睡前看书有什么诀窍吗？

有的。以不要深入探究的读法最好。关键在于**“大致浏览、不求甚解”**。视情况而定，也可以加入**“广泛阅读”**。

睡前读的书分成两种。一种是从没看过的书，另一种是已经看过，作为参考的书。我建议在睡前看后者。在这里先假设睡前看的是没看过的书。

睡前一分钟要贯彻“大致浏览、不求甚解”这种读法。若是时间拉长到睡前三十分钟，则包含“广泛阅读”。

睡前的读书法

睡前三十分钟

不细读，随便翻阅有兴趣的书，
实行"撷取精华速读法"

入睡前一分钟

只要迅速浏览贴标签
或做记号的地方，
实行"铭记学习法"

睡前 — 重点浏览

不论是哪一种书，都要进行速读。说到速读，甚至有专门教授的课程和讲座，所以有人会认为速读必须经过训练才办得到。其实并非如此。

在速读讲座中，似乎是以翻书页或动眼（眼球活动）的速度为主进行训练。但是，我提倡的速读并非如此。我回归速读原本的目的——在有限的时间内，掌握最大值的内容，并致力于开发这项技巧。

我一次也没参加过速读课程或讲座，但却不费吹灰之力地学会了速读。我相信大家也一定能够学会。

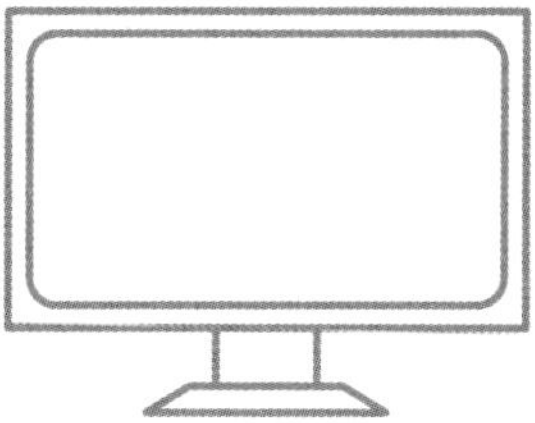

30. 任谁都做得到的“撷取精华速读法”

首先打开书浏览目录。我们在书店挑书的时候，八成都会先看目录，这个道理是一样的。

目录网罗了一本书的关键词。看一看那些关键词，就知道整本书的全貌和内容架构，明白内容是什么，作者想以何种逻辑表示，想向读者强调什么、传达什么等。

如果无法完全清楚掌握整体的主旨、作者的主张，也可迅速看“前言” 或“序言”。即使不读完整本书，前言或序言中也会有作者特别强调的地方，边看边找出重点阅读，只要几分钟即可看完。习惯之后，不到一分钟就能理解。

这些都是在书店挑书时不可或缺的重点。我认为，必须确认这几点，才能不被世俗的评论和出版社的宣传文案影响，买到自己真正感兴趣的书。这可以说是买书时的铁律。

如果先浏览书的目录，就会记得大致的架构，阅读时，可以掌握书中所叙述的主题。

接着进行文本的速读。

高岛派的速读法不需要经过训练。若是不习惯，刚开始时可以多花一点时间练习，两三次之后就会渐渐熟练。一般情况下，看过五本书之后，你的阅读速度就会跟我的一样快。

高岛派速读法又称为**“撷取精华速读法”**或**“段落理解式阅读法”**。

所谓段落，是不换行的一段文字。现在有很多书，可能是为了方便读者阅读，换行的频率很高，但一般还是以三到四行构成一个段落。每个段落只要读第一句到句点“。” 结束的地方为止。长句的情况下，看到逗号“，”为止和最后一句。

解读英语的长句有一个规则，段落中只有一个重要的句子，称为“主题句”。**主题句大多在段落的开头或结尾**。

我试着运用这种主题句的思考方式，虽然并非全部如此，但在只看段落的开头和结尾的过程中，也能逐渐掌握每一节或每一章的主题。在不知不觉间，也掌握了放在开头和结尾之外的主题句。

发现主题句的诀窍在于注意**“但是”“亦即”“换句话说”“总而言之”**等连接词。主题句通常以相当高的概率放在这些连接词的后面。一旦习惯之后，不必受限于段落，光是跳着看连接词后面的句子，就能够充分理解内容。

只要跳着看主题句就能看懂内容，这是因为透过预先浏览目录，理解了整本书的全貌和主旨。“撷取精华速读法”是基于**浏览目录**和**寻找连接词**两大基础所构成的。

任谁都做得到的“撷取精华速度法”

步骤一

浏览目录＝掌握整体内容

步骤二

只看第一句和最后一句。

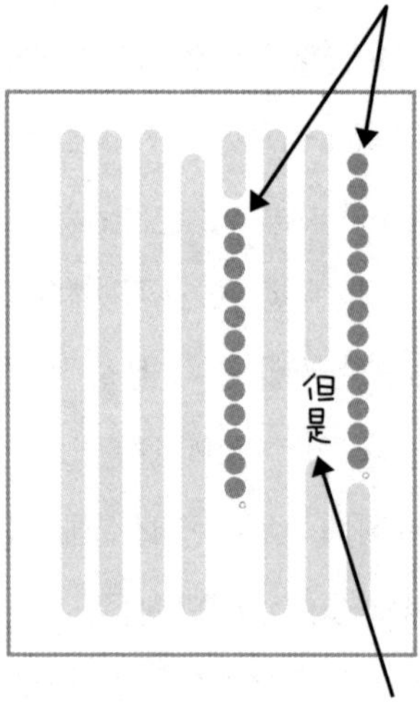

重要句子大多出现在连接词后面

31. 烙印在睡前脑海中的“铭记学习法”

上一节介绍的高岛式速读法是以第一次看的书为对象，所以不适用睡前一分钟使用，因为无法在一分钟内读完并理解内容。

但是，如果是睡前三十分钟就办得到。若是商业书或实用书，也能在十分钟或十五分钟以内理解。

那么，睡前一分钟是不是不要拿起书比较好？

那倒不是。而是要拿起**看过一遍、已经理解内容的书**。

这和我的另一种读书法，或者应该说是学习法有关。我将它命名为“三次学习法”。请参考下一页的简单学习图表。

我在准备考资格证书时，也拼命读专门的教科书和参考书，以学习方法而言，这个“三次学习法”非常有效。

睡前三十分钟以上的学习法，以三次学习法中的第三次“铭记学习”最合适。

也就是说睡前最适合复习之前仔细学习过一次的重点内容。也可以采用“撷取精华速读法”，但睡前不可以让身体分泌肾上腺素，所以要时时提醒自己“不要读到一半就开始深入探究”。

读三次以加深理解的“三次学习法”

第一次＝赛马式学习

像纯种赛马一样高速阅读。

· 浏览目录

· 透过“撷取精华速度法”理解整体内容

第二次＝公牛式学习

像公牛一样缓步踏实前进。

· 自己阅读

· 用荧光笔在重要的地方做记号

· 可进一步制作重点卡片

第三次＝铭记学习

重点复习，让资讯铭记在心。

· 只画出重点的地方

· 检查是否记得

· 可运用公牛式学习中做好的重点卡片，即使没有书也能随时随地复习通常第一次读的书，只要开了头，往往会追根究底，所以要好好控制自己。

如果反复两三次“口头禅三兄弟”，最好就此打住，贴上标签，告诉自己“明天再说”（关于“标签”，我会在后面章节中连同其他使用方法一起说明）。

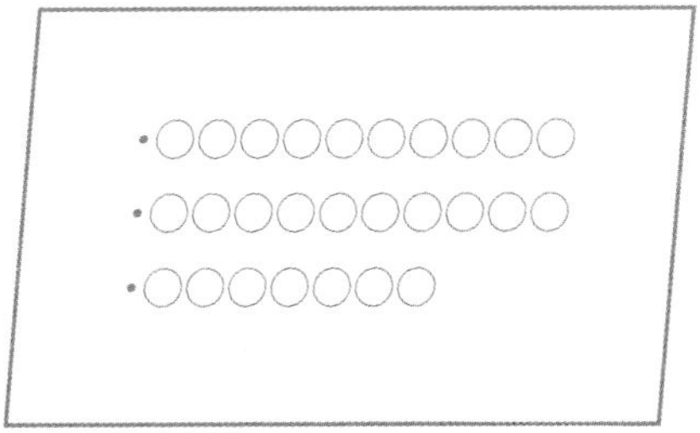

32. 睡前一分钟浏览目录的效果绝佳！

一旦到了睡前一分钟，就无法进行赛马式学习，而要以铭记学习为主，但在此时加入**“浏览目录”**相当有效。

浏览目录是在检查是否确实记得书中的内容。浏览以关键词组成的目录，若是产生“啊，这个关键词是什么意思？”的疑问，就可以发现没有学透的地方。

这时可打开书，**复习做记号的重要地方**。不过在这个阶段的复习如果太过深入，身体也会分泌肾上腺素，如此一来就不会在一分钟内结束，所以必须告诉自己“明天早上起床再复习吧”，采取明天早上再说这种方法也很有效，大脑会记得这项约定。醒来之后再浏览一次目录，确认“对了，是这里吧”，等到散步回来、吃完早餐之后，或者心情平静之后再复习，就能完全牢记。

如果睡眠前后，反复这些检查和复习，大脑会将内容收纳在优先顺序相当高的记忆储藏库中。

我先前提到，睡前一分钟无法对第一次看的书进行赛马式学习，但也有例外。有的时候，光是浏览目录就有效果。比如已经决定“明天要对这本书进行赛马式学习”的书，或者当天购入、期待翻阅的书。这种时候会产生雀跃感，让人心情愉快，这种感觉是积极而充实的生活的组成部分。因此，大脑也会乐于接受。

不过，仅止于浏览目录。让大脑暂时有“写了怎样的内容呢”这种雀跃感就好。**怀着雀跃感浏览目录，会提升隔天进行赛马式学习的效果**。

对下一本书有雀跃感，这种快乐的感觉会确实地传达至大脑的海马体，增强大脑对新知识的期待。

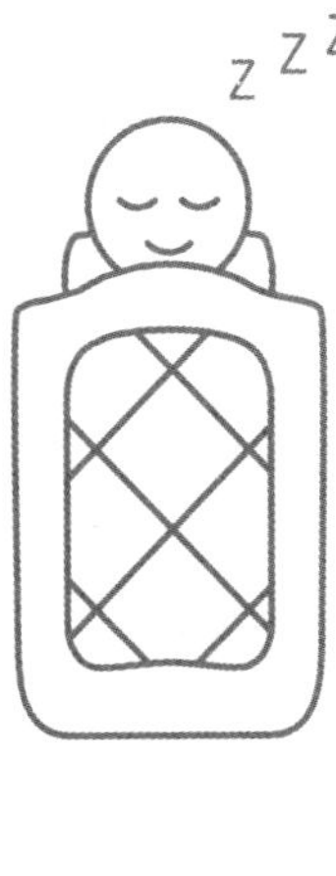

33. 轻松记忆的“翻阅读书法”

在睡前一分钟，也可以采用**翻阅读书法**。虽然只是翻阅，但做记号的重要事项必定会陆续映入眼帘。

进行“翻阅读书法”时，不管被哪个知识点吸引注意力，都不要停下来，只要持续地往下翻阅就行，也不要约定“明天早上再念”。就像看写真集一样翻阅到最后，然后直接睡觉。

这可以说是**“不自觉的学习”**。虽然是不自觉，但内容会确实进入潜意识，大脑会将它视为记忆的对象，纳入睡着之后整理信息、强化记忆的内容。假如有在意或是想记牢的地方，大脑也会记得这件事。

于是，这些在意或是想记牢的内容便会出现在梦中。即使在本人的意识中认为只是看过而已，但是大脑会确实加载看过的内容。

醒来之后，就算没有清楚记得梦的内容，也会记得“这部分很重要”。我曾有过睡前怀着“这部分非得快点学习不可”的心情入睡，醒来之后（洗脸之前）马上翻阅以加强记忆，结果效果惊人。有趣的是在几天后这些内容出现在考题中，令我大吃一惊。我又惊又喜，一边考试，一边暗自偷着乐。

翻阅读书法最适合用在睡前三十分钟的赛马式学习中，速读学习的内容会很清晰地深植脑海。

因为身为指挥官的海马体刚存入这些新的信息，就马上要取出进行整理、强化。也就是说，信息被放在储藏库最方便取出的地方。

34. 只记住“五个地方”

在睡前一分钟进行铭记学习时（已完成“公牛式学习”），我有一个诀窍推荐给大家——为了确实记住，只重读**五个重要的地方**。

重读五个地方所花的时间是一分钟多一点，最多是两三分钟。前提是已经结束“公牛式学习”、重要的地方已经做好记号，这样就会顺利地记在脑中，而且不花时间。

至于要选哪五个地方，可以看当时的心情。无论锁定哪里，必定会选择重要的地方，所以不要太拘泥于“哪五个”。

或许有人会说：“今天选这里，明天选那里，有计划性地选择五个地方，这种做法或许比较有效，但像我这种懒人，会觉得拟定这种琐碎的计划有点麻烦。”

以心情选择、随机选择，其实也有合理的根据。

睡前挑选的五个重点，一定是之前学习的过程中，觉得“特别重要”的地方。我很重视自己的直觉，你也要**相信自己灵机一动产生的直觉**。

我觉得比起在事前拼命想出重点内容，这种自然的感觉反而更有效。这也是相信自己的学习感觉。

如果不相信自己，学习的效果就不会提升。相信自己是指包含感性的机能（根据神经心理学的研究表明，人脑主要有三个机能系统：调节张力或觉醒的机能系统；接受、加工、保持来自外界信息的机能系统；计划、调节、控制心理活动的机能系统）在内，“相信自己大脑的运作”。如果相信大脑，它一定会更有干劲。

35. 使用“重点卡片”能更有效地记忆

上一节介绍的学习方法可以称为**“五重点绝对记忆法”**，建议不要直接翻开教科书、参考书重读一遍，而是运用事先自行制作的**“重点卡片”**，这样会更有效果。

我会在后面的内容中针对“重点卡片”的制作方法详细解说，它包含之前说过的便笺纸、笔记本和卡片。

卡片可以随时随地运用，非常方便。但根据我的经验，睡前一分钟运用卡片最有效。

卡片最大的好处是**随时都能轻松阅读，并且不累**。

比如躺着看书，手使力久了会累，但换成卡片，不管是仰躺或侧躺都能轻松阅读。

即使仰躺拿着卡片睡着，卡片也只是轻轻掉在枕边，不会对睡眠造成任何影响。但书可就不同了。因为书有重量，我经常会趴着看书，看着看着就困了，又嫌它占空间，经常下意识地把它推到一旁。

而且，书会让人想“盖上它再睡”，所以不会直接睡着。尽管意识到要盖上书再睡只有一瞬间，但也是在强迫大脑做额外的工作。

我发现，卡片之所以可以发挥卓越的效果，是因为它具有让人“直接睡着”这个优点。如果在读卡片时直接睡着，海马体就会在没有接收到其他信息的状态下，将内容传送至“记忆的重现工厂”，并进行将记忆深植脑海和强化的工作。

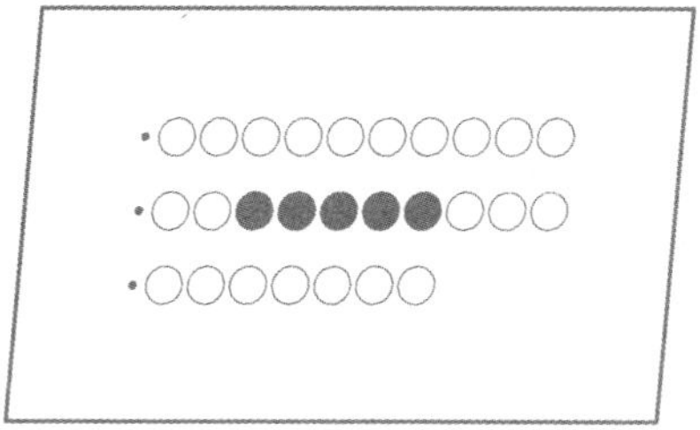

36. 懒人会不断开发“自己的学习方法”

睡前一分钟的学习法是我在不断的学习摸索中而发现的方法。我尝试了非常多本书没有提到的方法。有许多是“一点效果也没有”而痛快舍弃的无用学习法。这本书中所讲的学习方法全是我亲自运用且确实有效的。

在前文中曾介绍的那位喜欢唱卡拉OK的朋友。后来听说那位朋友对睡前一分钟学习法十分感兴趣，买了许多关于学习法的书进行尝试。

我们两个还曾经就学习方法进行了交流。

朋友：“我因为工作的关系，必须懂许多法律知识，每次都要背书，但是只要工作一结束就忘了。”

高岛：“那有什么关系！我也是经常忘。不过，有需要的时候，我一翻开念过的书，马上就会回想起来。”

朋友：“你讲到重点了！我是个懒人，所以懒得在有需要的时候再翻开书本。我希望一直记得。”

高岛：“你在念书的时候，会在书上画重点，或者在重要的那一页贴标签吧？”

朋友：“嗯，那当然。”

高岛：“既然这样，再翻开重读也花不了多少时间吧？”

朋友：“是啊，但我连再从书柜拿书出来翻也懒，而且就算贴了标签，也不晓得那里写了什么，得花时间找需要的地方。”

高岛：“那就试试在睡前一分钟反复浏览目录几次，因为是念过一次的书，所以会不断回想起来。”

朋友：“是吗？好，我会多多尝试这种方法。”

这位朋友的懒惰程度或许不在我之下。因为工作忙碌，没有时间慢慢看书，所以总是不停地寻找、尝试增强记忆力的妙法。

过一阵子再与朋友见面时，他拿着一本贴满标签的书对我说：“高岛，我找到好方法了。这可说是浏览目录的进化法。即使不翻阅目录也能记住。我建议你一定要这么做！”

他自信满满。如同我在错误中摸索，找到了最棒的学习方法一样，他也自行尝试，找到了**适合自己**的方法。

就这个意义而言，各位也可以跟我们一样，试着思考适合自己的学习方法。我想，购买本书的读者，某种程度上应该也是懒人一族。姑且不论各位是不是懒人，总之，容我介绍朋友自信满满告诉我的方法。我认为，作为阅读和复习的方法，朋友的“标签复习法”真的很有效果。

37. 只记重点的“标签复习法”

各位在看各种感兴趣的书，或者为了考试而读的教科书和参考文献时，会使用“标签”吗？

“标签”是指为了做记号而贴在书或报告上的可重复使用的粘贴式纸条。包含作家在内，从事出版相关工作的人可谓常备，而在办公室处理文件时，应该也少不了它，居家就相对比较少用。

粘贴式纸条是准备考试的人所必备的基本工具，希望大家能够好好学习并运用。文具用品店里有卖各种大小的标签。我也经常使用标签，但纯粹只是做记号而已。一般标示用直贴，而紧急、重要的内容则用横贴。然而，我的朋友下了一番功夫，自行开发出更灵活的标签使用方法。他会在进行“公牛式学习”时，仔细阅读并贴上标签注记，专门用于睡前一分钟的学习。朋友和我之间的对话如下。

高岛：“这本书贴了很多标签，标签上也写了字？”

朋友：“是啊，我在贴之前会写上关键词，注明那一页的内容。”

高岛：“哇，而且关键词一目了然！”

朋友：“因为标签一重叠就会看不到关键词，所以会尽量错开贴的位置。”

高岛：“原来如此，挺有两下子的。确实没重叠。”

朋友：“尤其是页数挨着的地方。”

高岛：“标签的颜色各有不同，这有什么意义吗？”

朋友：“有啊。我大致上是以颜色区分内容，而且有的大小也不同。”

高岛：“哇，那也有意义吗？”

朋友：“重要程度和紧急性高的内容使用较宽的标签，因为要写的笔记较多。一般的标签写一行字，而较宽的标签上会写两三行。”

高岛：“好细心啊，真是让我大开眼界。你已经是使用标签的高手了。”

他在进行公牛式学习时，仔细地贴了标签。

另外，我翻到内文发现重要的句子也确实划了重点。重点内容上面贴着写了关键词的标签。

这种做法可说是双重记号，而且光是**制作标签及贴上关键词及笔记，就已经在强化记忆了**。

即使不看目录也能知道内容的“标签复习法”

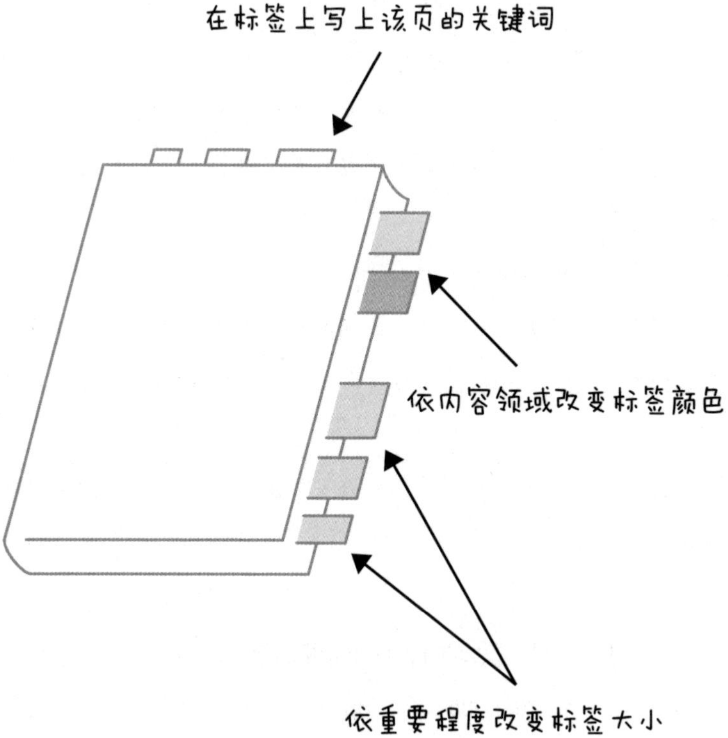

38. 睡前一分钟翻阅标签

睡前一分钟怎么使用贴上标签的书呢？下面将详细介绍使用方法。我推荐给朋友“浏览目录”“翻阅读书法”和“五重点绝对记忆法”之后，他进一步思考，想出了进化版的独创复习术。

高岛：“你在睡前一分钟运用贴上标签的书，是怎么用的呢？”

朋友：“一切都是为了睡前一分钟做准备。自从我用你教的学习法记住歌词之后，我每天的生活都是以睡前一分钟为主。”

高岛：“那么你是怎么使用标签的？”

朋友：“钻进被窝，打开床头灯之后，先别翻开书，只翻阅标签。这是结合你说的‘浏览目录’和‘翻阅读书法’。”

高岛：“这种标签的笔记，确实跟目录一样。”

朋友：“是啊，书的目录是编辑制作的，但有时候会看穿编辑的用意，觉得有点烦。或者应该说‘会接收到多余的信息’。”

高岛：“嗯，因为有时候编辑会出于对销售的考虑而夸大其词。”

朋友：“就是啊。就这一点而言，这种‘标签目录’是为了自己量身打造的，所以会省略多余的信息，可以说是只以自己需要的信息制作的目录。”

高岛：“你说的没错。我觉得这个创意很棒。”

朋友：“嗯，撇开这个不谈，我有时候也会使用这种标签，进行你说的‘五重点绝对记忆法’。”

高岛：“你的意思是你只记写在标签上的笔记的其中五个吗？”

朋友：“应该说，迅速挑选五个地方，只重读那些地方。当然，只重读做记号的地方。”

高岛：“原来如此。这么一来，就会完全记起来了吧。而且如果只有五个地方，应该能在一分钟看完。”

朋友：“嗯，有时候一分钟会变成两三分钟。就算不拘泥于一分钟，大脑也会记住。”

高岛：“那当然。一分钟只是形容‘入睡之前的一小段时间’，变成两三分钟也无所谓。不过，如果变成五分钟以上，身体说不定就会分泌肾上腺素，会偏离‘入睡之前的一小段时间’这个概念。但是，因为只有五个地方，所以根本用不到五分钟。”

朋友：“是啊。再长也顶多三分钟，盖上书之后就睡着了。”

高岛：“谢谢你教我这个好方法！”

很好的一个学习方法，各位不妨尝试一下，绝对有益无害。

进行“标签复习法”的重点

❶ 第一步
在标签上写下关键字

↓

❷ 第二步
根据重要程度，运用不同尺寸和颜色的标签

↓

❸ 第三步
睡前一分钟翻阅

39. 最适合忙碌上班族的懒人学习法

这一章介绍的学习方法可以说是最简单容易的。懒人如我，却因此考取了九十一个资格证书。

“标签复习法”也是同为懒人的朋友自己思考实践，提升了记忆效果的方法。我认为这些方法最适合**工作忙碌、无法抽出很多时间学习的上班族**。

别以为我考取九十一个资格证书，就觉得我是个勤奋的读书人，其实我是个懒人，完全受不了长时间的读书、背书，除了高中三年的学习之外（为了考上大学，才耐着性子孜孜不倦地读书）。

即使是挑战考资格证书的时候，我也会偷懒。譬如说，我经常一个人去居酒屋，一边喝酒，一边看参考书。

我曾担心这样的学习态度会被“学习之神”讨厌，但没想到结果并非如此。或许“学习之神” 很宽容。

不，也许是自己的大脑比“学习之神”更宽容。

这是我个人的推测，我总觉得**大脑不怎么喜欢为了学习而过**

着禁欲生活的人。

再说，如果过于约束自己的生活，那么读书就会变得很无趣。若觉得读书没趣，大脑在我们睡着时，就不会积极地进行“整理信息、强化记忆”的工作。

或许有些人适合运用“禁欲的学习方式”读书，大脑也会帮助他，但我想，大脑还是渴望这个人过得快乐一点的吧。

40. 快乐学习最适合记忆

我觉得如果不能怀着愉快的心情去读书，会对身体造成不好的影响。不喝酒、不看电视、不上网、不和朋友聚餐，也不和家人团聚……在这种什么事都不做的学习生活中，就算考取了某个资格证书，学习过的内容也会日渐淡忘。有一位跟我一样过了五十岁才考取中小企业管理证书的人说：

我第一次初考差一点及格。因为我一边上班，一边准备考资格证书，只有晚上读书，开始读书的那两年，家人或许是顾虑到我的学习，家里的气氛变得不太好。第二次考的时候，我想开了，既喝喜欢的酒，也确保充足的睡眠时间。我改成轻松的学习方式。毕竟，我原本就不是一个能够百分百自制的人。没考上的前两年，我迷失了自己。我意识到：就算我把自己完全封闭起来专心学习，也不可能记住内容。

因此，第二次备考的时候，我给自己设定了基本的原则：即使喝了酒，也要学习一定的知识点才能睡觉。也就是说，就算喝醉了，也要在睡前读五到十分钟的书。或许这才是正确的学习方法。

他的最后一句话说到点子上了。一度没考上，转换心情之后，睡前在被窝里翻开参考书学习，想睡觉的时候就直接睡。想必是采取了轻松的学习方式，并和大脑建立了良好的关系，他的学习效率提高了，最后成功通过了考试。禁欲型学习的坏处是：**会影响身边的人**。当事人也知道身边的人顾虑自己，所以心里随时都会闪过**“过意不去”**的念头。

于是，读书的时候会一直觉得“唉，今天他们的表现也是因为顾虑我……真是不好意思”。这种想法对于大脑而言肯定是“多余的信息”。

职业高尔夫球选手在晋级赛时，或者象棋和围棋的棋手在对弈时，一旦在意四周的杂音，专注力便会减弱从而引发失误，打出失误球，或者下错棋。

大脑也是一样，进行记忆工作时，也需要避除多余的杂音。这种杂音是指当事人心中在意的事，而不是实际从耳朵听见的声音。比起实际听到的声音，**心理作用所产生的“杂音”对大脑的影响更大**。正因如此，大脑在完全没有受到内心杂音影响的“睡眠时间”，最能专注地进行整理信息、强化记忆的工作。

前述的那位朋友在第一次考试时没考上，想必有很多这种内心的“杂音”在影响他。转换心情之后，他重新找回了自我。于是，他执行“无论如何，睡前都要稍微读点书”这个原则。这个原则与睡前一分钟的学习法有关。

懒人是指“尽量避免麻烦的事、讨厌的事，优先做愉快、喜欢的事的人”。假如你认为大脑讨厌懒人，那你可就大错特错了。根据我和身边许多人的经验，无论是读书或工作，如果心中不快乐，身体也不会快乐，而且也得不到期望的结果。放眼高尔夫球、足球、棒球等运动，一流的杰出选手绝对不会拼命执着于比赛的输赢，而是以轻松、平静的心态，找出最佳方法予以执行，所以看起来甚至像是在做轻而易举的事。刚进入社会的年轻人铆足全力、充满干劲地工作，具有一定的正面意义。然而，若是一直如此，你会身心俱疲，并有可能会因此驻足不前，最后以“前知名选手”的结局画下句点。我认为学习也是一样的道理。

第4章

提升睡前一分钟记忆效果的诀窍

41. 为何不读书也能通过考试?

最有效的记诵方式莫过于自然记忆，而作为自然记忆的工具，“为什么”“目的是”“如何做”这个“口头禅三兄弟”很有效。这一章介绍提高记忆效果的诀窍，而最大的诀窍是——**先理解，再记忆**。毫不理解，只是背诵知识，即使能够记住，也只是短暂的记忆，不会深植脑海。

我的朋友以睡前一分钟的学习法记住歌词，也是基于这个前提。

因为他喜欢那首歌，所以想记住，而他之所以喜欢，是因为他“理解了那首歌”。我想是因为他听到别人在唱，觉得那是一首“好歌”。然后，在自己练唱的过程中，从感情的层面完全理解了那首歌的歌词和旋律。

一样是卡拉OK歌曲，如果不懂得那首歌的意思，强迫自己背歌词会有困难。职业歌手能记得自己的拿手歌，是因为他们理解作曲家和作词家创作作品的意图，所以会很快记住歌词。

有些歌曲很久没唱，也会发生忽然忘词的情形。可是，职业歌手在这种时候一点也不慌张，因为他们十分了解作品，所以自己会变成作词家，即兴填补忘掉的歌词。

考试的时候，也会发生一样的事情。就算是忘记正确答案，**如果理解大致的内容，也能即兴引导出答案**。

我之所以能考取九十一个资格证书，也是因为我先理解了大部分的资格证书考试内容。其中，甚至有几乎没读相关内容的书就考取的，如中小企业管理咨询师的考试。

中小企业管理咨询师的考试并不简单。如同我在上一章提到的朋友，学习了两年也没考取，可以说是难度偏高的考试之一。

那么，为何我没读书就能考取，我的朋友读了两年书却没考取呢?

答案很简单。因为我经营过中小企业，确切了解经营管理的相关知识。

我的朋友是大型企业的上班族，他虽然熟悉负责的工作领域，但是关于经营的知识却几乎是第一次学习。

经营一家公司，无论规模大小，都必须亲自针对人员、商品、资金做“全面性考量”。也就是说，我一直在从事中小企业管理咨询师类似的工作。因此，只有了解中小企业管理所需的知识，才能实践、活用。而**理解、实践过的知识**是不会忘记的。因此，我几乎没有学习新的知识，就考取了中小企业管理咨询师。

42. “大脑的指挥官”——脑前额叶会提升理解和动机

“理解会提高记忆效果”不仅是个人感受，也是脑科学的研究结果。人虽然是一种动物，但和其他动物不同的是，人会思考，能够以意志力控制行动和感情。

这种“意志力”来源于**脑前额叶**。

人脑由**大脑**、**小脑**、**脑干**三个部分构成。身为记忆指挥官的“海马体”是大脑中的一小部分。若以断面图来看，它呈现海马般的形状。

海马的英文叫作“ seahorse”，这即是语源。

我之前提到过海马体会暂时储存记忆内容，然后分门别类，为长期记忆排出优先顺序，并存入“记忆的储藏库”。具体而言，“记忆的储藏库”就是大脑皮质，重要的记忆内容会烙印在大脑皮质上，深植脑海。

而大脑皮质前半部、主导脑部运作的部分是“脑前额叶”。而脑前额叶正好在额头的位置。随着年龄的增长，发际线会后退，额头会变宽，但和是否聪明无关。

大脑和记忆的构造

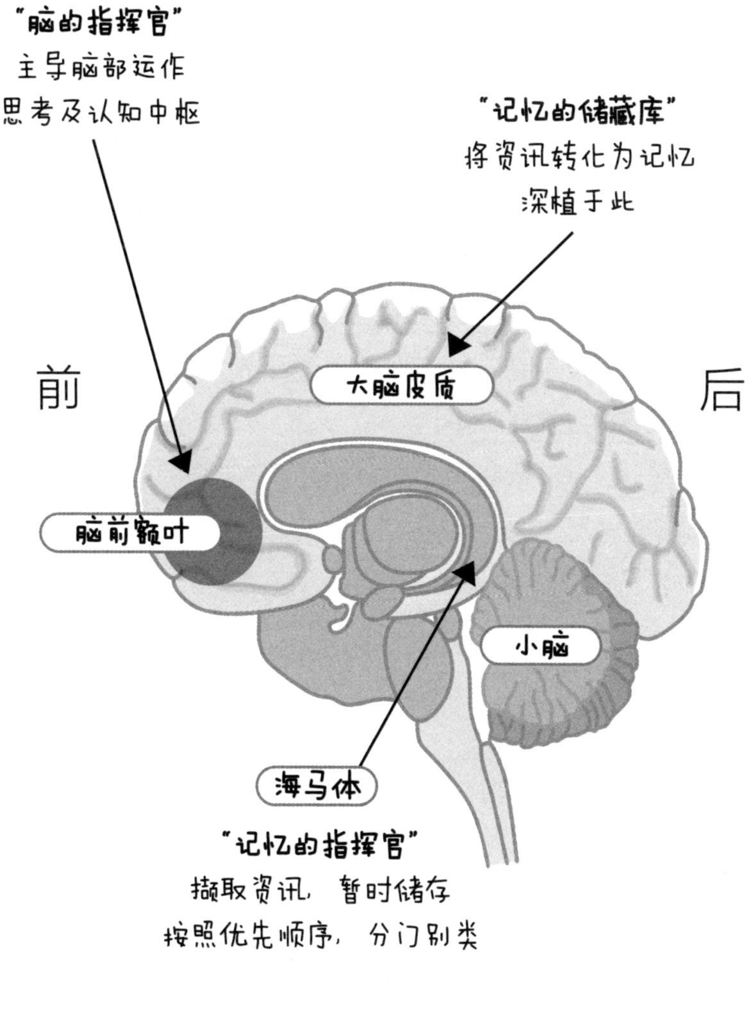
“脑的指挥官”
主导脑部运作
思考及认知中枢
“记忆的储藏库”
将资讯转化为记忆
深植于此
前
后
大脑皮质
脑前额叶
小脑
海马体
“记忆的指挥官”
撷取资讯，暂时储存
按照优先顺序，分门别类

海马体被叫作“记忆的指挥官”；而脑前额叶则是“大脑的指挥官”，负责控制脑部运作，若以汽车比喻则是驾驶座，飞机就是驾驶舱了。

掌管哭泣或大笑的是脑前额叶，有时候忍不住哭出来或笑出来，是因为脑前额叶希望你别再忍耐，尽管宣泄情绪。

脑前额叶也是提升或降低人的动机的部位之一。决定“必须读书”或“必须工作”的是它，心想“必须牢牢记住这个”的也是它。

而最重要的是，**“思考的事情”**也是脑前额叶的工作。进一步而言，“思考的事情”和“理解”密不可分。当然，**掌管“理解”这个枢纽的也是脑前额叶**。

本书一直强调“大脑希望它的主人过着充实的生活”，这也和脑前额叶有关。我想，脑前额叶原本就具有让人积极向上的功能吧。

43. 睡前一分钟学习法的诀窍是“先理解，再记忆”

我在经营小型出版社的时候，每天都是积极向上的，正因为如此，我总是反复思考如何把出版社经营好，即使在困苦之中，也总是考虑“该怎么做才能提升销售额”“如何确保成本收益”“如何改善经营状况”。

掌管这些思绪的正是我的脑前额叶。在反复思考之中，脑前额叶会理解经营中的实践知识“非常重要”，将它们深深地烙印在记忆的储藏库——大脑皮质上，在需要的时候随时取出。

我想考中小企业管理咨询师资格证的想法也非常积极。对于积极的挑战，脑前额叶会取出储藏库里的知识，并进行确切地组合，然后提供给我问题的答案。

脑前额叶不太喜欢单纯背诵的工作，因为这不算是积极的学习。

若是单纯的背诵，就算海马体会暂时储存内容，脑前额叶也会消极地敷衍，甚至拒绝将内容放进长期储存的储藏库。

脑前额叶对于积极的事，会非常灵活地进行**“理解”“长期**

储存”“取出记忆的内容并组合”。

若从这一点思考，我认为睡前一分钟学习法的重要诀窍在于**“先理解，再记忆”**。睡前三十分钟再次浏览已深入理解、画重点的地方（必须理解内容，才能准确地画记重要的地方），由于经过了“先理解，再记忆”，所以学习效果会非常好。

44. 比起死背法律知识，“大致理解”更重要

举例来说，如果想考取与法律相关的资格证书，需要背下相关的法律条文，那么可以在睡前一分钟读两三条。

因为睡前看过法律条文，隔天早上醒来时，会记得一定程度的内容。如同前面所说，这是因为海马体将内容放进了暂时储存“短期记忆”的收件夹里。这个暂时储存的时间长短因人而异，也会依据当时的情况，如人的精神状态、对法律条文的理解程度等而有所不同，但最长是一两天。

因此，如果在这个短期记忆的时间内恰好有考试，并且刚好考读过的内容，就会容易解答出来，但可惜的是，记忆只能维持一两天。从整份考题来看，那是极小的一部分，所以很难拿到理想的分数。

为应付考试，也可以运用这种短期记忆法，但坦白地说，这是旁门左道。即使对考试有用，但从长远来看，对当事人是无益的。因为所学习的知识不会被放进大脑皮质管理的长期储存库中。

我在准备与法律相关的资格证书考试时，也不曾背过条文。我认为那没有意义，而且实在背不下来。

再者，像司法这种需要真正理解法律条文的考试，有时候是可以带书进考场的（不可以带有注记或贴标签的书），由此可知，从出题者的角度来看，并不怎么重视背诵条文这件事。

我认为，这在任何考试中都是一样的。

出题者实际上想透过考试了解考生是否“理解” 相关法律。考试要测试的是针对一件事，适用哪条法律、条文细节如何等。

如果明白这一点，就不必刻意挑战背诵条文，而且即使背得一字不漏上考场，能够准确回答问题的概率也一定很低。

45.“睡前一分钟”整理隔天所需的重点内容

如果最重要的条文反复读好几次，就算不努力背，也会自然背下来。这正是**“理解 = 自然记忆”**。

我最想推荐的是学习法律内容的方法，虽然这个方法的前提是在之前的学习中掌握一定程度的知识，但睡前浏览几个重要的条文，确实能背下来。

本书的学习方法主要是针对资格证书的考试，但对于在工作或生活中需要法律知识的人也一样适用。

假设某建筑公司计划在你家隔壁盖一栋大楼，你将面临必须和该公司交涉的情况，此时若要和对方进行谈判，就需要具备相关法律知识。

比如上网搜寻或是参考相关文献，掌握法律的具体规范、调查各种案例、参考相关报道，这些准备临阵磨枪即可。然后，事先准备要跟对方讨论的要点和你的主张，不必写报告，只要以**条例**的方式，事先写下重点即可。

这种情况下，建筑公司有义务向周边住户说明盖楼情况，所以等到说明会的日期接近时，再在睡前一分钟反复浏览重点笔记。

接着，在说明会的前一两天，重新阅读建筑法。前一晚一定要做这件事，如果醒来之后和说明会之前再重读一遍，就能确保万无一失。你一定会记得大部分相关的法律条文与重点。

如果做好万全准备再“上战场”，对方就无法敷衍了事。因为你懂法律，当你说出“建筑法第××条提到以下内容……”时，对方会觉得你不是等闲之辈，如此能够使讨论朝有利于你的方向发展。

而就工作而言，假如隔天要与客户洽谈或是有重要会议时，如果是自己熟悉的领域，在前一晚的睡前复习条文和讨论的重点，就能清楚掌握对谈的主题，对方也会感受到“那家伙有两下子”而对你另眼相看。

46. 制作“重点卡片”是提高记忆力的最佳诀窍

睡前一分钟的学习法当中，运用“重点卡片”非常有效。重点卡片除了睡前使用之外，还能在各种零碎时间复习，一举多得。

日常生活中有许多零碎的时间，例如：早晚通勤的**候车时间**；坐地铁、公交车或出租车的**乘车时间**；在医院或牙科诊所的**候诊时间**（若是知道候诊时间长，也可以带一本书进行“撷取精华速读法”）；在餐点上桌之前的**候餐时间**；开会前的**等候时间**等，如果**将重点卡片随身携带，这些发呆的时间就会变成最佳学习时间**。

那么，什么时候制作重点卡片呢？不能在睡前一分钟或零碎时间做，要在时间充足的“公牛式学习”时做。星期六或星期日等假日最适合，工作日回家后、睡前三十分钟也可以做，视情况而定。睡前三十分钟制作重点卡片，会持续做到睡前一分钟，所以依“想记的内容”而定，记忆效果会提高不少。

乍看之下，或许有人会觉得制作卡片这件事很麻烦，但在制作卡片的过程中，你会发现很有趣。这大概是因为会产生“这样就能记得”的积极心态，或者是因为沉浸在制作“独家专用的作品”这种情境中而感到满足。

当你制作的卡片越来越多时，可以做一个专用的卡片盒来整理收纳。而整理这件事也相当有趣，看着卡片盒内的卡片日渐增加，感觉就像是自己的作品与日俱增一样呢。

此外，如同我在前面所说的，进行“公牛式学习” 和睡前三十分钟亲笔制作卡片，这些事本身也会促进记忆。

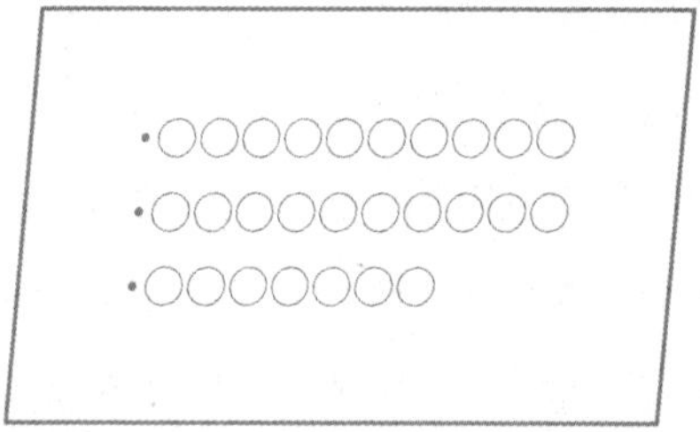

47.“重点卡片”的原则：一张只写一个主题

关于重点卡片的大小，最好是能够放进衬衫口袋的尺寸。我自己常用的卡片尺寸约为 88mm×125mm，而从通用性的角度而言，我也建议使用**名片大小**的卡片，这样不论男女都能方便使用，女性可以迅速地从小手提包中取出。

我建议用文具店销售的制式卡片。买厚纸板自行制作也可以，但要剪成大小一致并不容易。

如果大小参差不齐，之后要整理、翻找时就很麻烦。

较大型的文具店里，除了销售各种不同尺寸的卡片外，还有其他画线的、素色的、彩色的卡片供你选择，挑选适合自己的卡片也相当令人兴奋。

市售卡片的纸质大多和一般的名片一样。在第3章的“睡眠七道具”中提到了“便笺纸亦可”，但这充其量是睡前和隔天早上的“暂时使用”。薄薄的便笺纸不具有保存性，所以不适合作为需要具备通用性的重点卡片。

从环保的角度来说，便笺纸和自制的卡片也不错，但在使用卡片盒整理时，会因为觉得不方便而渐渐失去兴趣。在这种情况下不要太过随便，有好习惯才能持久。

“工欲善其事，必先利其器。”卡片准备好后，接着是卡片上的内容了。

关于内容，我会遵守一个原则，那就是“**一张卡片只写一个主题**”。在一张卡片上写两个主题，对于背诵而言，会显得有点繁杂，且记忆效果会减半。因为两种主题会变成杂音，互相干扰对方。

相反地，将一个主题分开写在两张卡片上也不好，一是不方便看，二是影响记忆的效果。

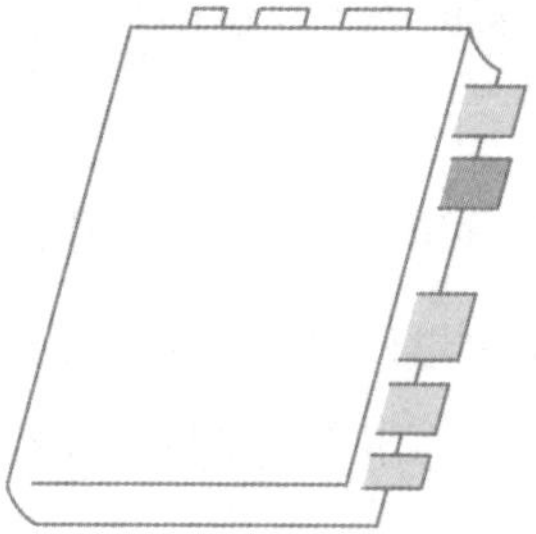

48.“字数不超过三十字”的学习卡片

无论是一张卡片上写两个主题，还是一个主题写在两张卡片上，在整理、保存于卡片盒时都会造成困扰，变成一大缺点。因此，我将“简单地制作卡片”视为铁律。

简单是共通的原则，但在一张卡片上写满密密麻麻的字也不行。行数最多三行，字数最多五十个字。记忆效果最好的是三十个字左右。

在写的时候，要以条例式的方式书写。即使是五十个字，如果以条例的方式写，就能分成三四个句子。若是拖泥带水地写成一句，就会毫无重点、记不起来。

重点是就算字数变多，或者想写细节，也要舍弃不重要的内容。**贪心只会降低记忆效果**。

此外，卡片下方多留一些空白，以备记录想到的相关内容。

最好用铅笔或自动铅笔书写，以方便恢复卡片的整洁。

我将以上重点内容汇整于下页图中。制作卡片本身就是一种学习，而且会大幅提升记忆效果。因为是以**“只记重要内容”**的

重点卡片的制作方法

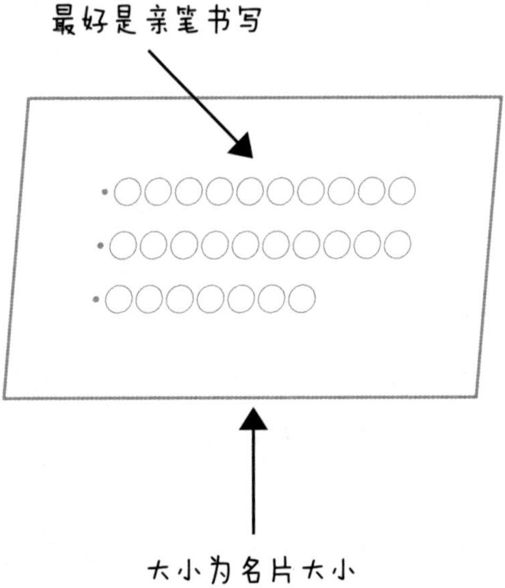

重点

❶ 一张卡片写一个主题

❷ 字数为三十个字左右，最多五十个字

❸ 以条例的方式，简短清楚地写下重点

❹ 舍弃不重要的内容

❺ 卡片下方留白

原则制作卡片，所以会确实地了解哪些重要、哪些不重要。

制作重点卡片在我的学习法中有三层意义：

●仔细阅读，理解内容

●掌握重点

●汇整论点

换句话说，是身体力行地进行重点学习。

此外，**亲笔书写会“加强记忆”**。用电脑制作也可以，而且能够做得更工整漂亮，但用电脑制作会丧失“加强记忆”的好处，所以不建议这么做。

也许有人会反驳：“以电脑制作也是亲手输入。”但最好是“亲笔书写”。

人们经常说，字代表一个人的个性和人格，自己写的字会投射出自己的个性和人格。就这个意义而言，你会对自己亲笔书写的卡片感到亲切。

若是锁定在睡前一分钟的运用中，大脑中的海马体一定会觉得：“这是你亲笔书写制作的卡片。我要珍惜它。把内容传送至长期储存的储藏库。”

脑前额叶接收到海马体的指令，会将内容深深地烙印在大脑皮质上，以便有需要时能够随时取出。

我想，海马体和脑前额叶都不太喜欢不愿意身体力行、偷懒的人。

49. 拼命画重点、贴标签，把书弄得越花越好

大家都应该用过荧光笔吧？

如果是上班族，办公桌上至少放着两三支不同颜色的荧光笔。看报告或企划时，有许多人会用荧光笔在重要的地方画记号。

即使不是上班族，我也建议你随时将荧光笔放在手边。**想要标注什么、学习什么，都不能少了荧光笔**。

另一个问题是：大家会排斥用荧光笔在书上画重点、标注底线或边线吗？

我之所以刻意问这个问题，是因为有不少人看书时会小心翼翼的，舍不得在书上写或画，以免损伤书本，比如有人把书当作藏书珍惜，或者想保存完好之后卖给二手书店。

文学全集有收藏的价值，另当别论。但考试的参考书、实用书和商业书等，最好名副其实地当作“工具书”使用，不断地画记重点。

做了一堆记号、贴满标签的书，之后一定会派上用场。因为重要的地方一目了然，所以十分珍贵。

我经营过出版社，也爱惜书本，但充分运用书本提供的信息，也是一种爱惜书本的表现。感谢它提供的信息，用贴满标签以示珍重，书也会很开心。

我有不少著作，但看到读者手上拿着我的著作，上头贴满标签、写满注记，我会感到非常开心。希望你也能充分活用这本书。

50. 以荧光笔画重点要采用“关键句方式”

以荧光笔在书上画重点，也是制作重点卡片的前提作业。此外，即使不制作卡片，对于睡前一分钟“浏览标签”学习法而言，也非常有效。

画重点是指在某种程度上将自己觉得“这里很重要”的想法输入书中。也可以说是像猫狗撒尿做记号一样，表明“这是我的地盘”。

“把某部分知识纳为己有”，也能够确保把这部分知识收纳于大脑的记忆储藏库。

荧光笔尚未出现时，一般是以铅笔或原子笔画底线或侧线作为重点标记。有许多中高龄者现在还是这么做，但从记忆效果的层面来说，我并不赞成。

铅笔的颜色比较淡，和书上文字的颜色接近，并不醒目。就这个弊端而言，黑色原子笔也是一样。

那么，红色原子笔呢？这也有待商榷。用红色原子笔画的标记虽然醒目，但原子笔是压着纸张书写，会导致纸张凹凸不平，影响到背面内容的阅读。

画重点最好还是使用彩色荧光笔。不仅颜色丰富，而且有许多种类，能够依照用途选择不同颜色的笔。

有一种双头荧光笔，两边分别是粗笔头和细笔头，这种笔使用起来很方便。

画重点有两种方法：

❶关键词方式→只对术语或单字画重点

❷关键句方式→对整个重要的段落或句子画重点

我的建议是运用“关键句方式”。如果以“关键词方式”画重点，过了一段时间再复习，经常会想不起来内容，有时甚至会怀疑是否画错，然后只好重读周边的段落，这样反而没有效率。由于关键句方式是在阅读画重点的整个段落，所以能够马上想起内容和它的重要性。

如果只挑画重点的地方阅读，也能够想起某一节或某一章的整体内容。画重点本身就是一种速读法。

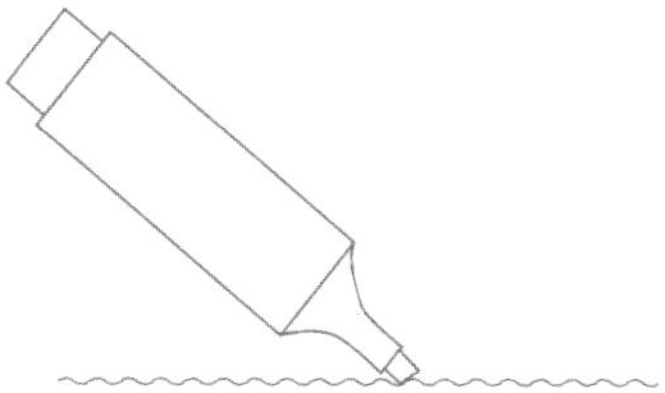

51. 运用色彩法画重点

画重点基本上要采取关键句方式，但也可以和关键词方式并用，增添变化。

我的一位商业书编辑朋友经常使用这种方法，他用的是双头的荧光笔。用粗笔头替单字和术语等关键词做记号，然后用细笔头画说明单字的段落，也就是关键句画底线或侧线。

如此一来，就能够一边翻页，一变浏览做记号的关键词，而且也能够轻松地读重点内容。

我也经常这么做，但在段落画底线或侧线的时候，我会区分为双线及波浪线。线所代表的意思不同时，我会用不同画法。

关键句当中，**重要程度特别高的地方，或者必须先记起来的专有名词，我会画双线**；而**引用其他著作或法律条文的部分，我会画波浪线**。

我想区分关键句时，会采用**改变荧光笔颜色的方法**。比如说初级的知识用黄色、中级的知识用绿色、高级的知识用橘色等。

准备考资格证书时，我经常使用这种色彩法。时间不够的时

画重点的方法

❶ 浏览专有名词及用语

- 关键词→粗笔头
- 该字的解说文→细笔头

❷ 依重要程度浏览

- 必须记住的字词、重要的地方→双线
- 想掌握的重点（引文、条文等）→波浪线

❸ 依等级浏览

- 初级的内容→黄色
- 中级的内容→绿色
- 高级的内容→橘色

候，我会迅速地复习初级知识。时间较多，或者觉得必须考高分时，我会连中级和高级的知识也一并复习。

针对难度比较大的考试时，同一本参考书我会仔细地读两三次（运用“公牛式学习”法），但每一次都会使用不同颜色的笔画重点。

如此一来，**真正重要的地方必定会重复画记号**，且会发现每一次学习的重点都会稍微改变，只要看颜色就知道学习的过程。

这种色彩法运用在“铭记学习” 时可以发挥很好的效果，因为关键的知识从颜色的重叠程度就能一目了然。

此外，我有时会一边复习，一边告诉自己“我真用功”而获得**激励感**。我觉得脑前额叶一定会接收到这种感应，并在记忆储藏库的该部分入口贴上“这非常重要”的标签。

颜色的运用对于锁定重点内容也有效果。当面对未曾接触过的内容时，你会觉得都是重点。

因此，我规定自己画重点的量最多是一页内容的三分之一，但有时候会超过，甚至几乎整页都画上重点。但是到了第二次学习时，画重点的量就会减半。到第三次时则会更少，最终锁定重要的内容。

52. 为何卡片和画重点能提升记忆效果？

在学习中加入色彩法，画重点就会发挥提升记忆的效果。

这和制作卡片时“亲笔书写”有异曲同工之妙，使用自己选择的荧光笔，**亲手画粗线、细线和波浪线等，会给予大脑刺激，提高记忆效果**，甚至是睡前一分钟迅速浏览画线的内容也有效。

我在关于重点卡片的内容中也提到，如果在睡前一分钟浏览画过重点的书，大脑的海马体就会认为：“这是你亲手画记的地方。放心，我会把这些内容好好传送到长期储存的储藏库。”

事实上，只要画记过重点，不论是之前学习过的书，或者是当天看过的书，仅仅是翻阅几页，内容也会立刻浮现出来。若是相当长一段时日未翻的书，有时甚至会想起当时看书的情景，比如“没错没错，这里正是我的直觉认为相当重要的地方！”“啊，那次强台风来的时候正好看到这里！风强雨骤，吵得要命！”

这些事情都是基于我的经验写的，大家一定也有过类似的经验。比如日本“3・11大地震”时，自己在做什么呢？当时的状况让我永生难忘。

再请你回想另一件更久之前的事吧。

美国“9·11事件”发生的时候，大家在做什么呢?

虽然已经过了很多年，但我想大部分人应该还会想起来。如果试图想起当时在哪里看到那个画面，其他相关的回忆也会慢慢浮现脑海。

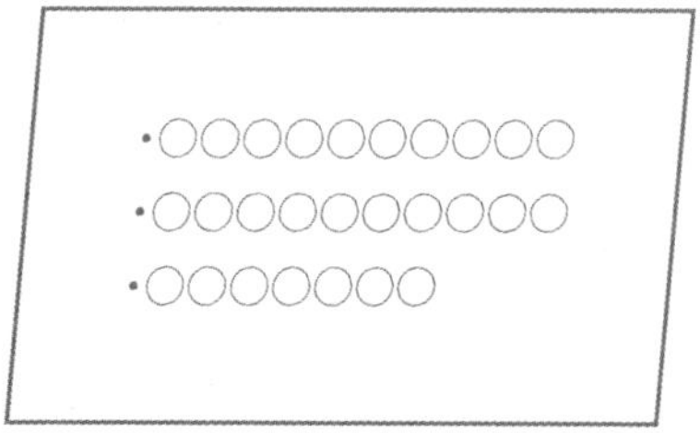

53. 给予大脑刺激，大脑就会明白“它很重要”！

大脑的海马体和脑前额叶掌管我们的记忆，在将信息传送至记忆储藏库时，感觉到的**刺激强弱会决定它的优先级**。

现在，请你试着回想不久之前的自己。应该想得起五年前的事吧？十年前呢？二十年前呢？或许不记得确切的日期，但能够想起来的事情，应该都是令你印象深刻的。

比如与最喜欢的朋友离别的日子、在毕业典礼上哭了、第一次领薪水的日子、在众人面前被夸奖工作表现佳、在结婚典礼中感动落泪、打扮得宜在宴会中成为注目的焦点、祖父母过世的日子……每一件事都会对自己造成一定的影响或冲击。

无论是制作重点卡片或在书上画重点，其实是刻意在制造这种冲击。

假设看书时觉得“这里很重要”，但不特意画重点、不贴标签，也不在某处做笔记，什么事都不做的话，大脑的“传感器”接收不到任何刺激，就会默默地不当一回事，这意味着大脑不会将内容搬运至记忆的储藏库。如果认为只要意识到“这里很重要”，大脑就会暂时储存内容，那是不可能的。

因此，除了意识到重要之外，还必须透过**动手（如制作卡片），增加触觉信息；对书面施加变化（如画重点），增加视觉信息**。同样，**大声读、背诵重要的内容**，也可以增加听觉信息。学习时，让触觉、视觉和听觉同时发挥作用，三管齐下，记忆效果会更好，因为你已经用行动告诉大脑，这些内容很重要，需要记牢。

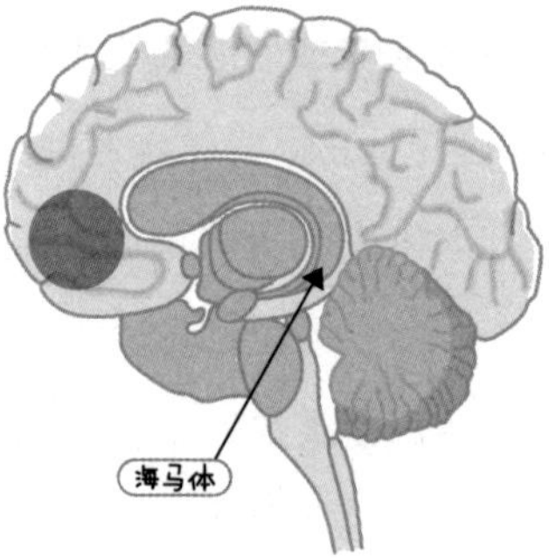

54. 睡前一分钟的复习是在加强“对大脑的刺激”

睡前一分钟重读自己亲手制作的重点卡片，或者重读画了重点的书，可以说是在“强化”对大脑的刺激。

以行动表现“这里很重要，我想记住”这种心情，大脑会切实地将内容收放在记忆储藏库中优先级较高的地方。如果睡前一分钟让大脑取出内容，再次确认“它很重要”，大脑就会接收到强化的刺激，进一步认知到它的重要性。

大脑也会接收到你已经进入了想睡的状态，然后全神贯注地发出通知：“全力整理信息、强化记忆的时间快到啦！该准备了。”

接着，你进入不会接收到新信息的睡眠状态，但大脑会将之前接收到的信息，视为**“今天最后的最新信息”**，并定位为印象深刻的重要内容。

因此，如果不活用睡前一分钟具备的这项特质，岂不可惜？

有人喝酒不节制，醉了就直接睡着，这种人是典型的“浪费鬼”。适度饮酒具有促进血液循环的效果，对于大脑而言也是能量来源，但如果喝到直接睡着，大脑肯定会生气。

证据是宿醉后，隔天早上经常不记得前一天晚上发生过的事情。这是因为大脑放弃了整理喝酒时的记忆，所以那一段记忆会从脑海中消失。

我也是嗜酒之人，但是不会饮酒过量，惹大脑生气。我总是把睡眠当作“使明天更愉快的序幕”“通往明天的幸福桥梁”，这样一来，大脑也会感到愉快。

55. 有助于准备考试的三种主题记忆法

本节的主题是“提高睡前一分钟的主题记忆法”，并在往后的几节内容中做详细说明。这个方法适合为了考试而读书的人，因为考试需要背下来很多知识。

我在考大学的时候，为了背世界史吃尽了苦头，而在挑战考取各种资格证书时，也曾面临无论如何都必须背书的情况。

我当时使用的记忆法主要是为了通过考试，这种方法对人生指导或许派不上什么用场，但是它有助于实现“考上”这个目标。

注意，本书不是考试方法书，所以只是简单介绍，点到为止。

有助于考试的三种主题记忆法

❶ 开头字记忆

记忆复杂的用语和项目时有帮助。

❷ 语源式记忆法

记忆字母等缩写词时有帮助。

❸ 谐音记忆法

透过有故事性的谐音，使内容长久地留在记忆中。

56. 以开头字记忆重要项目的“开头字记忆法”

在某个领域下细分多个重要项目时，要全部记住很难。这是一个利用开头字记忆的方法。只要知道开头字就有了线索，之后的字就会连锁地冒出来。以开头字唤醒记忆，像小时候背九九乘法一样，顺着韵律进行背诵。

下面以日本的营建考试的例子进行说明。

首先，当营建业者变成卖方，卖不动产对象时，法律规定了用来保护消费者的“八种限制”，内容是：❶犹豫期制度 ❷非自己所有物的买卖 ❸订金保护规范 ❹订金金额限制 ❺损害赔偿预定金额 ❻瑕疵担保责任 ❼解除分期付款销售契约 ❽保留所有权。由于本书不是专门讲营建考试的，具体内容省略。

这是营建考试中经常出现的重要考题，所以非记住不可。尽管如此，就算埋头死背，也不见得能够全部记住。因此，我决定像背九九乘法一样，排列❶到❽项的开头字，反复读、背。

犹（犹豫期制度）

非（非自己所有物的买卖）

订（订金保护规范）

订（订金金额限制）

损（损害赔偿预定金额）

瑕（瑕疵担保责任）

解（解除分期付款销售契约）

保（保留所有权）

“犹非订订损瑕解保”这几个字没有任何意义，只是一再反复读记住它们就可以。就像小时候按照父母的规定，一边洗澡一边背诵“九九乘法”，或者一边走路一边哼歌一样。将内容写在卡片上，睡前浏览几次，使记忆深植脑海。如果大声读出来，效果更佳。

不过这样做的前提是必须透过“公牛式学习”，仔细学习过各项的内容。“开头字记忆法”是用来想起学过的内容的方法，如果没有切实理解各个项目，那只能算是罗列一串莫名其妙的字，没有什么作用。

再举两个例子来说明。日本中小企业管理咨询师的考试中，我用这种记忆法记住了商业店铺的五种机能：

诉（诉求机能）

诱（诱导机能）

选（选择机能）

表（表演机能）

管（管理机能）

如果并列说出口，就会变成“诉诱选表管” 。

而在颜色搭配检定中，我记住了流行色彩产生的四种原因：

变（变化需求）

协（协同性需求）

个（个别化需求）

扈（扈从效应）

方法很简单，只是照本宣科地读开头字并背诵，这对于难背又不能有缺漏的问题来说，可谓万无一失。

57. 边玩边记的“谐音记忆法”

说到人们最常使用的记忆法，大概就是“谐音”这种方法了。

“谐音记忆法”一旦音义契合，就会永远记得。举例来说，大家应该记得“饿的话，每日熬一鹰”这个句子吧？或许有人忘了这是什么的谐音，但不管过了多少年，都会清楚地记得它的含义。

答案是“八国联军”的八个国家。因为谐音的关系，所以大家能记住“俄、德、法、美、日、澳、意、英”这些国家。

既有的或别人新创的谐音如果有趣的话，也很容易记忆，但我建议尽量自创，因为自创会让大脑更开心。

58. 字母的缩写采用“语源式记忆法”

常听到上班族感叹：“好多字母的缩写都记不住。”

无论是看报纸、看电视，经常见到各种缩写词，比如GDP（国内生产总值）、GNP（国民生产总值）、NPO（非营利组织）、ODA（政府开发援助）、CEO（首席执行官）、COO（首席运营官）等，一时之间很难了解是什么意思。

上班族在日常的工作中会遇到很多缩写词，所以必须记住媒体经常使用，以及工作中经常出现的缩写词才行。如果不知道的话，可是会出洋相的。

在此，我提供大家一个记住缩写词的方法——语源式记忆法。举例来说，GDP是“Gross Domestic Product”的缩写。“Domestic”是“国内”的意思，而在国内生产的商品和服务的附加价值之总额即是GDP。

近年来，国际上在提到GNP（Gross National Product）时，经常使用GDP作为经济实力的指标。这两个缩写词只差在“D”和“N”，但其意义却相去甚远。

GDP是指在“国内”创造的产值，所以国内外资企业创造的产值也计算在国内生产总值中，但不包含本国企业在国外创造的产值。而GNP包含本国企业在国外创造的产值，而国内外资企业创造的产值也包含在该国的GNP之中，所以不算是本国的产值。

关键词是D和N，即“Domestic（国内）”和“National（国民）”。因此，只要理解这两者的语源，我所说的“自然记忆”机能就会运作，并能够牢牢地记住。

英语不好的人或许会觉得有点头痛，但在这个国际化的时代，英语不好可不是一个好借口。举例来说，前往机场时，国内线会以“Domestic”标示。只要想起它跟GDP的D一样即可。

现在通过网络或电子词典等，就能轻易理解各个缩写词的语源。假如不明白语源的个别单词意思，查字典即可。或者说，必须通过“查字典理解单词”这个行为，才能牢记。

当然，只查一次字典也许还是会忘记，所以通过“重点卡片”在睡前一分钟加强学习，就可以发挥效果。

59. 可作为记忆法履历的“睡前一分钟专用笔记本”

到目前为止介绍了许多记忆法，大脑在执行的阶段也会切实地将内容放进记忆储藏库，但如果在睡前一分钟浏览或朗读当时制作的笔记，记忆就会坚若磐石。

我前文中提到，开头字记忆法、谐音记忆法最好自创，并将结果写在重点卡片上，在睡前一分钟反复复习，记忆就会深植脑海，再也不会忘记。重点卡片对于缩写的语源式记忆法也相当有效。

我还有一个提议，那就是**制作睡前一分钟“记忆专用”的笔记本**。睡前三十分钟左右时，在笔记本上写下今天想在睡前一分钟记住的内容。你或许会觉得这是做两遍工作，但这个工作可以有效地刺激大脑。睡前一分钟浏览画重点的书时，可以写下“五月十日，P.22，P.25”，切实**记录日期及范围**。记录之后，闭上眼睛睡觉。如果在专用笔记本上记录，也会变成睡前一分钟的复习履历。

此外，在睡前一分钟复习时，也常常会发现不一样的重点，或者想到新点子。这时，也可在专用笔记本上写下来，隔天早上检查。

在下一章，我会介绍如何改变睡前的习惯，让个人生活变得更幸福。在这个过程中，建议使用睡前**“一句话日记本”**，或者将专用笔记本兼作“一句话日记本”来使用。

第5章

改变睡前习惯，人生将越来越美好

60. 夜晚不是一天的结束，而是一天的开始

据说女性较难早起。曾有年轻的女性编辑认真地找我商量：“该怎么做，早上才能神清气爽地起床呢？”

根据钟表厂商所进行的问卷调查发现，女性之所以比男性难早起，似乎是因为体质问题。这是因为在雌激素的作用下，女性的血压经常比男性的低，血压低会影响血液在全身的循环，容易引起手脚冰冷，所以早上爬不起来。

来找我商量的女性编辑也是因为低血压而形成寒性体质，因此我们进行了以下的对话。这或许是熟人之间聊的话题，但可以从中了解该如何看待“睡前”和“早上”之间的关系，所以予以公开。（女性编辑，以下简称编辑。）

高岛：“我想跟体质也有关系，所以或许无法从根本上解决问题，但是可以试一试改变晚上的生活方式。”

编辑：“你的意思是我晚上早点睡觉吗？”

高岛：“不是，如果你能够早点回家、早点睡觉，那自然很

好，但是基于工作的关系，这应该做不到吧？”

编辑：“哈哈哈，确实做不到。而且我挺爱喝酒的。不过，我并不像男人一样，天天喝完酒才回家。”

高岛：“你爱喝酒？这样更好。”

编辑：“你是说喝酒之后睡觉很好？我经常这么做呢。”

高岛：“不，重点不是睡前喝酒，而是为了明天，思考如何舒畅地度过晚上。如果可以的话，最好在十点之前回家，不要把繁杂的工作带回家。洗完澡之后，稍微喝一点白兰地之类的酒，边喝边看书，或者看电视，悠闲地度过睡前的时间。”

编辑：“听起来很棒。我很向往那种生活。”

高岛：“你做得到的。有时候工作的事会在脑海中挥之不去，但尽量不要认真地去思考。烦心的事等到明天早上再说。不过，上床之后还要浏览企划书的话，稍微思考一下就可以了，然后直接入睡。这么一来，你有可能会在梦中想到好点子。”

编辑：“没错！没错！我曾经在梦中想到书名，而且在半梦半醒间写了下来。早上醒来之后，发现便条纸上写着七扭八歪的字。”

高岛：“那样就够了。然后，早上顺着那个点子，认真思考工作的事二十到三十分钟。你不觉得在梦中想到点子的那天早上，醒来的感觉很棒吗？”

编辑：“真的。看到写得七扭八歪的书名，觉得很开心。”

高岛：“没错，就是这样。问你一下，你觉得晚上，尤其是睡前一分钟，是一天的结束吧？”

编辑：“是的。到了晚上，一天就算结束了呀。”

高岛：“那你可就错了。不是结束，是开始。”

编辑：“为什么？”

高岛：“一天是始于前一天的睡前三十分钟。睡前是在为明天助跑。如果你认为是助跑，为了明天而想快乐的事，或者有点放松地思考明天的工作，大脑就会在你睡觉的时候，为了明天做准备。如果养成这种习惯，醒来就会觉得神清气爽，而且能够顺利地爬起来。”

编辑：“噢，听了你的话之后，我开始期待睡前要做的事了。我会试试看。说不定我的生活会发生‘一场革命’呢。”

我也曾是夜猫子，不久前实践了建议这位女性编辑的作息方法。那确实是一场“生活革命”，我的身心状况由此变得越来越好，每天心情都很愉快。正是在那个时候，生活革命改变了我的人生，我挑战并成功考取了各种资格证书。生活革命的关键在于认识到：“一天始于前一晚的睡觉前。”

61. 把一天分成三个部分，设计幸福生活

接下来要跟大家分享我的生活周期。这是自我开始挑战一定要考取九十一个资格证书之后的生活。

我现在已经从出版公司的第一线退下来，以自由作家的身份写稿和演讲。这或许跟各位读者的情况不同，但是我觉得这个生活周期适用于任何人。

我的一天是从前一晚的十一点多开始的。一到睡前三十分钟，我会稍微调暗房间的灯光，开床头灯看书，或者坐在电脑前上网。

有时也会为了明天的事情做一些准备工作。如果有演讲安排，我会写下演讲的重点。如果有考试，我会复习学习过的重点内容，但我不会太过投入。如果出现想要深究某个想法或知识点的念头，我会立刻打住，并等到第二天早上再学习相关内容。

大约三十分钟之后，把“睡眠七道具” 放在枕边，准备睡觉。当然，我也经常在这个时候实践睡前一分钟的学习法。有考试时，我一定会这么做。隔天有演讲的时候，我会再度浏览摘要。

写书的时候，我会经常思考明天早上要写的内容架构，浏览参考文献中做记号的地方。

无论如何，我一定会做某种和明天有关的事。我每天都**把睡前一分钟定位为“使明天更幸福的助跑”**。

隔天早上醒来，先确认睡前做过的事。“睡前专用笔记本”也放在枕边，所以我也经常浏览它。后面即将提到的**“做梦日记”**中写有备忘录的时候，也会重读一遍。

如果天气好，我会散步三十分钟左右，然后吃早餐（有时候不吃），接着开始上午的工作或学习。若是学习，这个时段就进行“公牛式学习”，集中精神学习繁杂、困难的部分。制作“重点卡片”也大多在这个精神集中的时段进行。

下午无论是工作还是学习，都会悠闲地进行。与人见面、出门去出版社谈业务也都安排在下午。我想，最常做的事应该是与人交流。

不外出的时候，我在吃完午餐后会午睡三十分钟左右。科学研究表明，**午睡也具有提高记忆力的效果**。

关于午睡，哈佛大学心理学博士莎拉·梅德尼克所进行的研究非常值得参考。研究指出，**人类记忆力的巅峰期是在上午**，吃完午餐之后会开始下降，晚上的记忆力只有上午的一半左右。但是她通过研究发现，**午睡后记忆力会比上午更高**。（梅德尼克博士进行记忆力研究时，尚未证实睡前所做的事情在睡着之后的记

依照“一日三分法”来安排工作

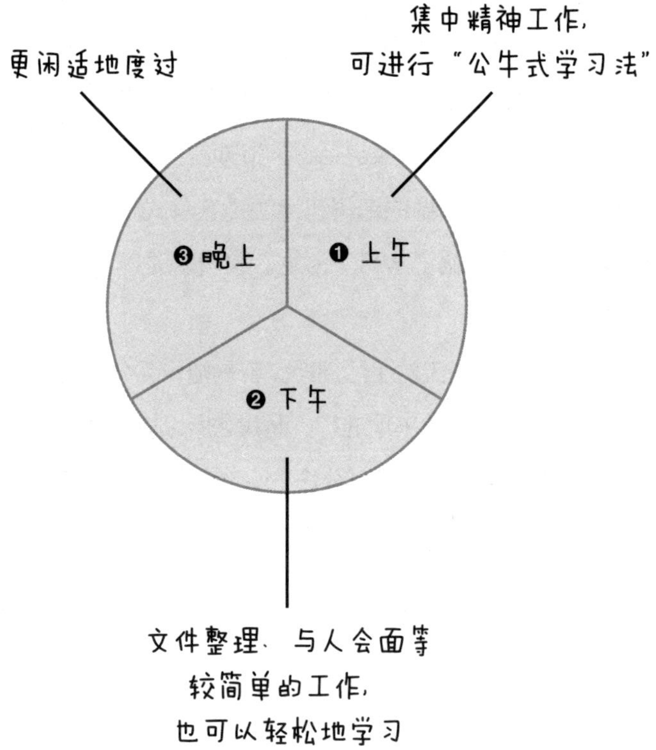

上午聚精会神地工作或学习，
午休之后渐渐放慢工作、学习的步调，
就能有效率地提升成果！

忆效果，所以晚上的记忆力不包含睡眠时。）

看过这个研究成果之后，我决定尽量在午餐之后小睡片刻。

上班或上学的人不妨在午餐过后小睡片刻。如果三十分钟太多的话，二十分钟也好。没有适当的地方时，趴在桌子上也无妨。只要经过短暂休息，下午工作或学习的状况一定会更好。

到了晚上，吃完晚餐之后，闲适地度过睡前的时间。我经常会看书，主要以“撷取精华速读法（赛马式学习）”或跳着看画重点的部分（铭记学习）为主。接着就是睡前三十分钟要做的事。

以上就是我一天的生活周期。若是把一天分成这三个部分，工作和学习都能有效率地进行。而我之所以成功考取九十一个资格证书，正是通过“一日三分法”，有效率地学习的结果。

62. 梦中会想到好点子

前文中曾讲到与女性编辑的对话，其中有一个重点希望大家留意。那就是**“梦中会想到好点子”**。

她回想起自己曾经“想到书名”。一定有不少人有过同样的经验。

而德国的一项研究结果也印证了这件事——**睡眠会带来灵感**。

2004年，由德国吕贝克大学伯尔尼博士所率领的研究团队针对“灵感”进行了一项有趣的研究，并将研究结果在《英国国际科学》上发表。其内容如下：研究人员先让六十六名受试者解需要“灵感”的谜题。接着，将无法解题的受试者分成A、B、C三组，依照组别设定不同条件。

A组：早上让受试者看问题，让他们思考八小时

B组 ：晚上让受试者看问题，让他们彻夜思考八小时

C组 ：晚上让受试者看问题，让他们睡八小时

八小时后再让他们进行解题，结果得分最高的是**睡八小时的C组**。

这是一个令人惊讶的实验结果。

比起整整思考八小时的 A组与 B组，不思考就入睡的 C组，解题准确率竟然比其他组提高了三倍。即A组与 B组获得二十分， C组惊人地获得近六十分的分数。

这项实验结果源自睡眠时大脑的工作原理。 C组在看完问题后，完全没有做其他事情，直接睡觉。看完问题之后，没有给予大脑多余的信息，这是C组比其他小组获得更高分数的原因。

伯尔尼博士也在杂志中做了分析：大脑（海马体）在睡前接收到的谜题，会在睡眠时作为新的记忆传送至脑前额叶，在那里和过去记忆的旧知识进行组合，在这个过程中，会引导出意想不到的“灵感” 。

1949年，第一个获得诺贝尔物理学奖的日本人——汤川秀树博士，也是在睡觉时想到了介子场理论的架构。说不定汤川秀树博士在睡前一边思考与介子场理论相关的事，一边浏览某个参考文献呢。

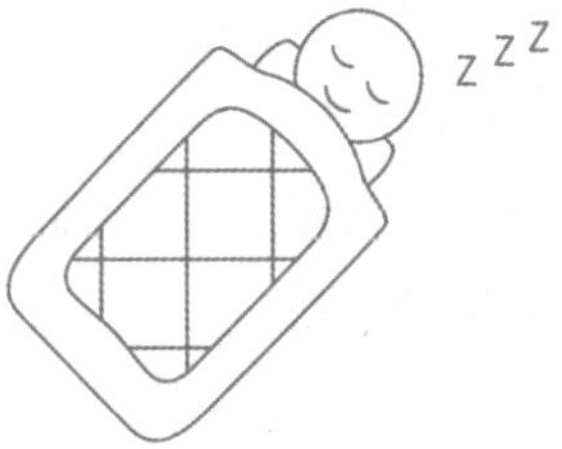

63. 活用“做梦日记”，将美梦运用在现实中

在梦中想到的事，如果置之不理，马上就会忘记。

好不容易做的美梦，大多只有醒来之后的几分钟能够记得，经过起床洗脸等琐碎事情后，就会忘得一干二净。

仔细想想真是可惜。说不定做的梦会对现实的人生有帮助呢，尤其是在梦中想到好点子的时候。

因此，我建议你写下“做梦日记”。上文提到的女性编辑也下意识地“起床写下来”，但我建议你事先准备做梦专用笔记本，和她一样把做梦的内容写下来。即使睡眼惺忪，写的字七扭八歪，但因为是自己写的字，所以醒来时一定看得懂。

假设隔天必须在公司或某个地方演讲。如果不习惯演讲的话，说不定从前一天就会因为担心而睡不着觉。这种时候不要强逼自己睡着，你要做的是**反复浏览自己制作的演讲稿**。若是一边看演讲稿，一边想象自己滔滔不绝的演讲，效果会加倍，不久后就会睡着。

如果梦见自己跟想象中的一样，有条不紊地演讲，引用了某

某名人的名言，令众人感动。这时，要迅速起床写下那一句话，因为这时候你会意识到自己在做梦。这时，如果事先把**“做梦日记”**（便笺纸或小笔记本即可）和原子笔放在枕边，就能“下意识地写下来”。

如果枕边没有纸和笔的话，即使想写下来也无能为力。几乎没有人会爬起来找纸和笔。所以，要事先准备好。

早上起床先检查“做梦日记”中写的内容，稍微整理之后，以红色原子笔在演讲稿上补充“一句名言”。这么一来，那一天的演讲基本上可以顺利进行。大家肯定会对你的“引经据典，口若悬河”留下深刻印象。

64. 如果在睡前积极思考，人生就会越来越好

上文中提到的演讲事宜，是我的一位朋友的亲身经历。他身为负责人，必须在新品发布会上演讲，从前一天就一直想着这件事，紧张得不得了。

那位朋友对我说："幸亏做了那个梦，演讲进行得很顺利。"我想，任谁都有受益于梦境的经验。我也不例外。我曾经梦到考试的考题，结果隔天的考试真的出现了。

当然，**睡前需要思考相关的事，或者看参考数据**。这可以说是在实践睡前一分钟学习法。

另外，**要积极思考想解决的问题**。如同我的那位朋友，假设隔天有重要的演讲，不要觉得那是一件"苦差事"，而要想着："我要让大家惊艳。"

既然非做不可，积极地思考才能顺利解决问题。通过积极思考，大脑会欣然地支援你。若是消极地思考，觉得"好讨厌、我不想做"，说不定会做失败的噩梦呢。大脑在睡着的时候，会呈现其最真实的一面，表现它"最爱积极思考"的喜好。

大家在做梦的时候，是否曾经一边想着“这是在做梦”，一边继续做梦呢？如果做不好的梦时，会心想“这肯定是在做梦，醒来吧”，醒来安心之后，又沉沉睡去。

我现在很少做噩梦。但偶尔做噩梦的时候，我能够在做梦的过程中告诉自己“原来这是在做梦，不要继续做梦了”。这或许是因为我比较重视“睡前一分钟”学习法的原因。

极度浅眠的“REM睡眠”时，人会意识到自己在做梦，名为“清醒梦”。近年来，脑科学研究发现：人能够以自己的意识控制清醒梦。

若能在梦中执行自己想象的愉快的事，就会发挥正向效果。此外，脑科学家也在尝试着通过梦境找出一个人心底真正的想法，以作为心理治疗之用。

而**“做梦日记”能够用于训练自己学会控制清醒梦**。通过“做梦日记”，能够知道自己常做哪种梦，进而可以控制自己做的梦。进一步而言，为了做积极而幸福的梦，可以试着持续写“做梦日记”，并且只在做美梦的时候做记录。

如果做梦的记录中只有美梦，一段时间后，你心中累计的正能量会越来越多，你会觉得自己的生活越来越幸福、快乐。如今，我也在努力着让自己更上一层楼。大家不妨也试试看。

65. 睡前要赶走负面的情绪

我们睡着之后，之所以会做美梦或幸福的梦，想必是因为正在整理、重现记忆的大脑，正以**积极的“态度”**进行相关工作。

举例来说，大家小时候应该都有过“我要当足球选手”“我要当医生”或“我要成为温柔的护理师”的愿望吧。大脑会将这种正面的想法好好地收纳在记忆的储藏库。睡着的时候，大脑甚至会翻出陈年的旧记忆，进行组合及重现的工作。

因此，我建议大家在睡前彻底排除负面的想法。

在睡前三十分钟，**把悲伤、生气、嫉妒等情绪统统从脑中排除，一心只想着快乐的事情**。

最糟的是这个时间段跟家人吵架。如果那天对吵架的事情耿耿于怀，不妨写一封和好的简讯向对方道歉。如果马上收到回信，看到对方说“不，我也有错”，那就太棒了。

另外，睡前三十分钟最好避免看推理剧或悬疑剧等恐怖的电视节目。如果看到美好的结局，心情愉快也就罢了，但若是在看到美好的结局之前睡着就麻烦了，明明是剧情，不需要你承担什

睡前三十分钟要愉快地度过！

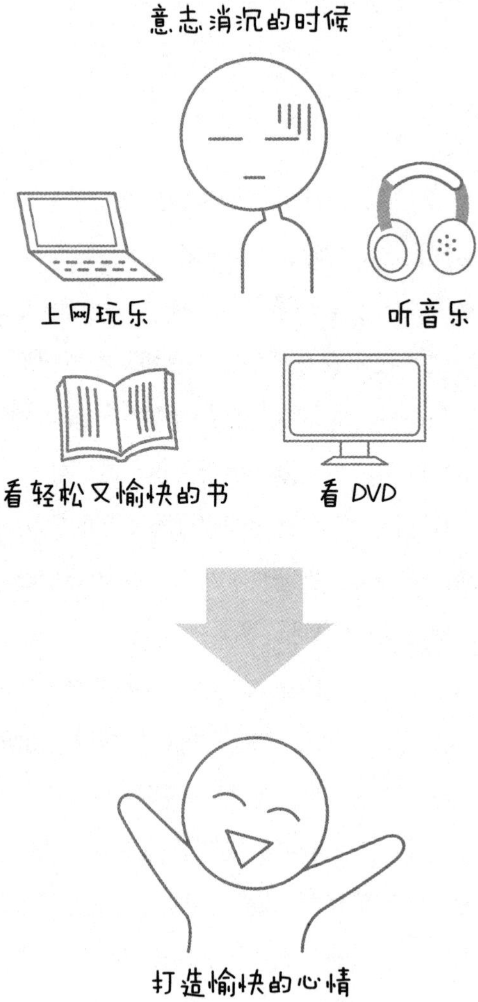

么责任，却由于这些让人不安的情节印入脑海变成负面的信息！

如果白天被上司骂，懊悔、难过的心情迟迟没有消退的话，要试着转换心情，

比如听喜欢的音乐（这种时候，建议你戴上耳机，阻断其他听觉信息）、看温暖人心的书，也可以上网看喜欢的艺人或运动选手的博客，随性地在个人博客上写文章抒发心情，或者在聊天软件上跟朋友聊天也很有效。甚至干脆看迪斯尼的影片，重新拾回赤子之心，这也是赶走不愉快的好方法。

66. 用睡前的“一句话日记”让自己愉快地醒来

最后，我要推荐你使用保证拥有愉快开始的“正向道具”。（我要再次重申，睡前是“开始”，而不是“结束”。）

那就是**每天在睡前写“一句话日记”**。这不同于做梦日记、重点卡片或睡前一分钟专用的笔记本。

准备一个小笔记本即可。封面可以写上“睡前专用的一句话日记”，放在桌子上或枕边等容易看到的地方。养成习惯之前，不要收入抽屉等看不见的地方，以免忘记。

睡前的道具变多了，但每一样都是替人生招来幸福的道具，既不吃亏，也不花钱。

写“一句话日记”的方式十分自由。唯一的限制是**“仅止于一句话”**。如果像一般日记一样写得拖泥带水，身体就会分泌肾上腺素，而且可能会把不愉快的事也写下来。

写“一句话日记”的目的是**把愉快的心情带入睡眠中**。

就具体的写法而言，我建议大家以下页图的三个观点，各写一行。

从三个角度写“一句话日记”

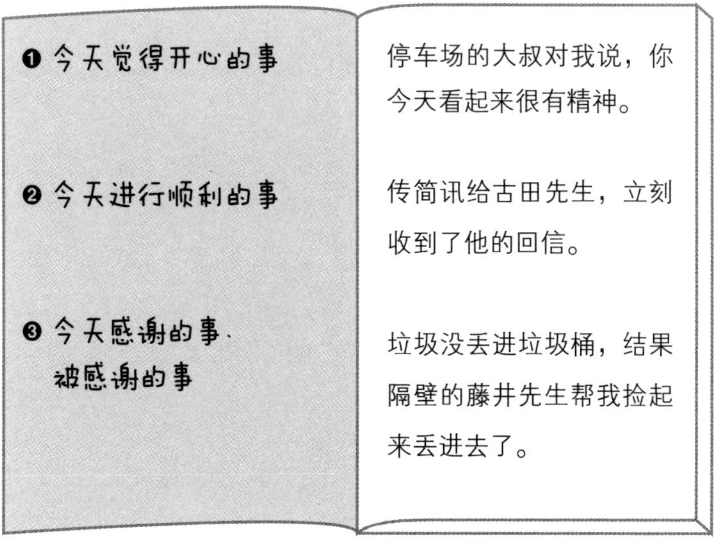

小贴士

- 将“三个观点”写在“一句话日记”的一页上，一开始要一边专注看着这三个观点，一边回想当天发生的事，然后在对页写下来。
- 不必三项全写，但至少写其中一项。

一开始或许会觉得今天没什么好写的，得绞尽脑汁思考才能写出来。然而，一天当中绝对有一两件开心的事、进行顺利的事。假如找不到，那说明你不习惯从正向的角度观察自己。

不过请放心，如果每天坚持写，就会渐渐习惯，并且可以很轻松地写出来。如果忽然想写很多内容，可以写两三行，偶尔为之，无伤大雅。

67. 以正向的入睡仪式迎接美好的早晨

持续在睡前写“一句话日记”，可以“自我革新”，让自己变成一个满满正能量的人。

- 能够注意到自己的优点
- 能够注意到别人的优点
- 能够马上忘记不愉快的事
- 凡事能心怀感谢
- 每天精神抖擞，心情愉快
- 喜欢自己的人生

“喜欢自己的人生”是非常重要的一件事。如果讨厌自己，不管做什么都不会有自信，无论再怎么努力实践睡前一分钟的学习法，一旦到了考试的时候，也许会因为缺乏自信而产生不安感。

可以肯定地说，睡前的“一句话日记”能够让你产生自信，活出开朗的人生。请务必养成写“一句话日记”的习惯。

以上介绍了几种希望你在睡前使用的道具（也可以称之为入睡仪式），一切都是为了让你在一天的开始“睡前”变成一个拥有积极心态的人。

回到本书的主题——睡前一分钟的惊人学习法，经由“入睡仪式”，在睡前使用重点卡片等道具，让记忆深植脑海，并发挥其特有的功效。因为大脑最爱它的主人过着快乐、充实的生活。

最后，祝福你今后的人生在改变睡前一分钟的习惯后，变得更加美好。